Querido Vincent

María Villalba Montero

© María Villalba Montero, 2.015
villalbamonteromaria@gmail.com
Ilustración de portada y contraportada: Mercedes Montero Vera (óleo sobre lienzo)
Editado por Jesús García García
Publicado en 2.015 en Sevilla - España
I.S.B.N.: 978-1516996131

Para Hache

A los que me acompañaron

CAPÍTULO 1

La Haya, primavera de 1882

Hace más de cuatro meses que abandonaste Etten, demasiadas discusiones con tu padre. Te estremeces al recordar tu marcha, el viento helado aquella mañana, los zapatos demasiado estrechos, la chaqueta de tu hermano demasiado amplia. Incómodo el abrazo de tu padre en el silencio solo quebrado por las lágrimas irrefrenables de tu madre. Has elegido no resignarte, tu *bestia negra,* así la llamas. Un hombre no puede vivir en alta mar, necesita un hogar, te martilleas y quieres convencer a los demás, a tu amigo Van Rappard en la correspondencia asidua que mantenéis. Y así has acogido a Cristina, en el invierno despiadado, marcada, casi con un pie en la tumba, los nervios destrozados, embarazada y con una hija de cinco años. Apenas de su cuerpo manteniéndose en la calle, se lo confesaste a Théo, sin atreverte a pronunciarlo. Extraes de ella lo que hay en ti, sufrimiento. Aún andabas enamorado de tu prima Kate cuando Cristina posaba para ti. Tu corazón, tan herido y decepcionado, con el alma *al rojo blanco* has escrito, se aferra al arte y a la vida. Van unidos, lo sabes y ya llamas amor a la caridad, tan irremediable y desdichado vuestro encuentro como vosotros mismos.

Se la describes a tu hermano: Cristina Clasina María Hoornik, Sien, se asemeja a la vieja niñera de Zundert, sin ser bonita no resulta desagradable a la vista, su habla, en cambio, sí, palabras que jamás emplearía tu hermana Will salen a diario de su boca. Aprenderá, no te cabe duda, su enorme capacidad de adaptación facilitará el cambio.

La cuidas, evitas que cargue los cubos de agua para la limpieza, que suba las escaleras con las patatas para la sopa que cenáis, más caldo que sustancia. Te hablan sus ojos y su mano discreta, leve caricia sobre la tuya, extraña al principio, nunca se prodigó tantos cuidados en sus embarazos; agradecida, después, ningún hombre se comportó así conmigo, se atrevió a pronunciar y se volvió hacia el fogón avergonzada. Comprendiste su lucha desde muy joven, sin tiempo para la nostalgia y las lágrimas, de abrazos ultrajada. Sien engrandece tu corazón, la estimas por ello, nunca alguien había dependido de ti, te sientes más hombre, útil, a la vez más asustado, desbordado de tanto miedo. Al menos esto tienes que hacerlo bien, Vincent, te lo debes. Conmovido por su soledad, que es la tuya, te rebelas: *hombres, amemos lo que amamos;* seamos nosotros mismos, tu axioma. Te preparas para ser deshonrado y crees que ese es tu camino, no te resistes a recorrerlo: sufrir, amar, esperar, arrastrarte con la derrota a cuestas, si es preciso, cualquier experiencia que recuerde a todas tus células que estás vivo. Mejor que no haber sido.

Théo te advierte, podría denunciarte tu propia familia para evitar el enlace alegando que no puedes mantenerla. Nada hay denunciable en vuestra relación, le contradices, lo que tenéis se parece a un *cálido afecto*, no es la pasión que sentías por tu prima pero este amor, el único que eres capaz de dar ahora, te permite avanzar como artista. Sien acepta tu trabajo, posa pacientemente, te acompaña y te reconforta, puede ser la esposa de un artista; Kee, no. Buscas la comprensión de tu hermano, un hombre de su posición no podría pero tú, sí. Deseas que medie con tus padres, no lo entenderán y tú no podrías contenerte. Tío Vincent está en París, que no sepa nada, le ruegas a tu hermano, la inmoralidad contra la que atentas salpicaría a toda la familia.

La operación en Leyden ha salido bien, informas a Théo, el niño venía en mala posición. Lo han colocado con un fórceps, se abren esperanzas. Sudabas, temblando más de temor que de la fiebre. Sien se despidió con una leve sonrisa antes de que se la llevaran en la camilla. Temiste perderla, a ella y al bebé al que ya quieres. Sabes que tu hermano no aprueba lo que haces pero con su envío económico le ha salvado la vida. Se lo agradeces desde el fondo de ti mismo.

Y la otra familia. Consumen tus energías, es peor que no tenerla. De tu padre solo obtienes silencio. Lo has decepcionado, otra vez. No estar de acuerdo con él es ofenderlo, eres el reflejo en el que quiere brillar y, sin embargo, lo empañas. Se dejan influir por los rumores, sutilezas del diablo, las llamas, y no te aceptan como eres, sin más, sin juzgar. La libertad de elegir, Vincent, la belleza de ser tú mismo y encajar tu presente con tus proyectos, con tu conciencia, te ha sido vedada. Los predicadores mienten, te dices, coronan de justicia y libertad lo que no es más que manipulación. Tu padre es uno de ellos, con dolor tienes que asumirlo. No te someterás.

La ropa para el bebé está preparada, el alquiler hay que pagarlo a comienzos de junio, solo os queda pan seco y café, sin un nuevo sobre seréis *los que van a morir te saludan*. Hasta que tus obras empiecen a venderse, no habrá más ingresos, confías en que tu tío te pague los dibujos. Os ahorráis el dinero de la limpiadora, Sien se encarga de la casa.

Van Rappard te ha visitado. Te reconforta el abrazo afectuoso de un amigo. Su mano firme, su charla sincera y desenvuelta te alegra el ánimo. Cuando se percató de que uno de tus dibujos mostraba un desgarrón, conocedor de tu penuria, te dio 250 florines para repararlo.

Pintas a las cuatro de la mañana, cuando el ojo humano percibe los tonos uniformes, los contornos están más definidos y no te entorpecen los transeúntes.

Desde el 12 de mayo no recibes carta de Théo. Comienza junio, debes doce con cincuenta florines a tu casero, la situación es desesperada, podría poneros en la calle y vender los muebles, quieres evitar el escándalo. Envías un giro, no tienes para el sello.

Salvados. Carta de Théo. Recibirás 150 francos mensuales en tres entregas.

Pintas las dunas, durante varias noches habéis acampado como verdaderos bohemios. Café, pan y agua caliente que conseguisteis allí. Tus trazos te servirán para una serie de óleos que completarás en agosto y en la próxima primavera a carbonilla, tinta y tiza: *Mujeres reparando redes en las dunas, Dunas con personas,* óleos sin colores arriesgados, las brumas predominan. Tras los montículos, esperan los cielos claros.

Has cobrado 20 florines por el encargo de tío Cornelio. Es poco, quizás no le ha gustado el último dibujo. Acostumbrado a los colores al agua, tu serie dibujada a lápiz puede resultar anodina.

La Haya, verano de 1882

Sala 6, número 9. Has pasado tres semanas en el hospital comunal. Blenorragia. Al insomnio siguieron fiebres elevadas hasta que fue urgente tu ingreso el 7 de junio. No quieres dar explicaciones en tus cartas, *enfermedad venérea* escribes, obviando el origen. La mujer puede transmitirlo sin mostrar síntoma alguno, hasta diez o quince días habrían transcurrido antes de que notaras los primeros indicios. Estrés, cansancio, creías. Demoraste la hospitalización, suponía más deudas: diez florines y medio para gastos (quinina, inyecciones y reposo atendido). Sien acudía los días de visita.

Has muerto tantas veces en el terror acuoso de la noche que el día es Dios mismo que viene a liberarte. Distantes quedan los otros cuerpos, te aferras vanamente a sus manos. Es tan grande el desconsuelo que no hay amor capaz de rescatarte ni tierra tan firme para sostenerte. Te escurres sin remedio. Lloras tu pavor. Aúllan tus huesos de dolor, la conciencia no responde y se adormece.

Y recordaste que eres mortal. En ese instante habitaban en ella todas las mujeres que habías amado, se confundieron sus nombres, sus olores y fue la despedida un beso breve. La abrazaste, como se abraza al amor a punto de marcharse, con ansias de lo que no ha llegado a ser. Sien se marcha. Llueve, pertinaz e incansable. El carrito se desliza por el pasillo, entra la asistenta. Su gesto es amable, o así te lo parece en tu terrible vulnerabilidad. En la habitación irrumpe el olor a lejía, cierras los ojos y te abandonas.

De tu familia recibes un paquete. Pediste a Sien que lo abriera por ti y te lo llevara: ropa, tabaco y 10 florines. Un gesto que te reconforta. Desde la ventana divisas el canal con las barcazas repletas de patatas.

Tu padre y Tersteeg, el auténtico fundador de la escuela de la Haya, te visitaron. Sien estaba a punto de dar a luz. Tu padre comenzó conciliador a pesar del gesto adusto, obstinado y ortodoxo, como siempre: tu madre y yo queremos lo mejor para ti, Vincent, hazte cargo. Medita bien lo que vas a hacer.

Tienes intención de casarte con ella solo puedes hacerlo una vez en tu vida y con quién mejor que con un alma abandonada como tú. No te has atrevido a confesarlo aún pero lo intuyen. Estalló: ¡No puedes meter a una ramera en la familia! ¿Has olvidado quién soy?

Lo echaste de allí: ¿qué clase de Dios hipócrita solo bendice el amor de los justos y los buenos? ¿Acaso no tenemos derecho al amor?

Desheredado supones, tras los acontecimientos, aunque no es eso lo que te preocupa, los bienes de tus padres deben ser nimios, pero sí el abandono, arrojado al mundo, más amenazador ahora que tienes familia. A pesar del dolor, fundido con la rabia que te irrita las entrañas, te empecinas en marcar tu rumbo, sin zarandeos ni chantajes, al margen, si te lo exigen, de tu familia. Excepto de Théo.

Solitarios transcurrieron tus días en el hospital. Lo prefieres, te libera la ausencia del tiempo, solo quieres cerrar los ojos. Te aturdirían las visitas, si bien echas de menos su rostro, sabes que es mejor así, siempre te incomodó que te cuidaran, en el silencio te vas recobrando, tu mente, tan inquieta los últimos meses, es un aljibe fresco. Aunque compartes habitación con otras nueve personas, la atención es muy completa. Saboreas la carne ahumada que te ha traído Sien en su última visita. Ingresada también por su parto inminente no podíais veros. Te sientes inútil y sin fuerzas. De vez en cuando sales al jardín y pintarrajeas algo. Las cartas que recibes son de caligrafía correcta y uniforme, la enfermera las redacta. Las lees una y otra vez para traer su imagen a tu memoria.

2 de julio. Sien ha parido. El domingo, único día de visita en el hospital de Leyden, acudiste con su hija y su madre. Tuvisteis suerte, hacía solo unas horas que había alumbrado. Se complicó. Los doctores optaron por emplear

fórceps y cloroformo, de las nueve a la una y media de la madrugada el niño no se movía en el vientre materno. Agotada os recibió con una ligera sonrisa, hermosa paz tras la angustia. Debiste llevar tus lápices y recoger esos instantes. Henchido, disfrutas de un espejismo: tu propia familia. Te emocionaste, confesaste a Théo, el responsable primero. Gracias a su envío, habéis pagado la operación. Empieza una nueva etapa, renace Sien y otro estilo de vida que tú le has ofrecido. Coges con ternura y miedo a Willem, lo llamaréis por tu segundo nombre. Amoratado y frágil lo contemplas decidido a darle una vida mejor que la vuestra. Atrás queréis dejar la miseria y el dolor.

Yo quisiera expresar no algo así como un sentimentalismo melancólico, sino un profundo dolor. 21 de julio. Contienes tus incertidumbres, la búsqueda de la comunicación completa, perfecta a través de tu pintura. Rompió la cáscara el dolor y es ahora una felicidad razonable. Han sido tan intensas las vivencias el último mes que quisieras compartirlas. Para no tentar al destino, como si así no ofendieras ni a Dios ni a los hombres, con una dicha casi absoluta, rezuma tu pincel esperanza. Acudes a la playa de la ciudad, Scheveningen, con el pequeño estuche de acuarelas, cansado aún para cargar con los aparejos de óleos, pintas a las mujeres bajo los paraguas, colores cálidos, pese a la lluvia y al negro de algunos ropajes. Los paisajes cotidianos te recuerdan el peso inexorable de los días, el trabajo, el esfuerzo, la vida bullendo en *Molino de hierro en La Haya*, con tonos amables de la tierra, ocres, verdes y los amarillos pugnando por hacerse un sitio, aún no determinantes como lo serán después. Los *Cuatro hombres cortando leña,* en fríos azules, violetas, armonizan con tu sosiego.

Sigues pensándotelo. Si os mudarais a esa nueva casa, dispondrías del ático para pintar. La luz viene del sur y del norte, tales son los ventanales. Aire, espacio, lo que necesitas para pintar. El propietario se ha ofrecido para ayudarte en la mudanza en caso de que os decidáis y a no cobrarte hasta que os instaléis. Redactas estas líneas junto a la madre de Sien. Mientras continúe ingresada, ella cuidará la casa, se encargará de su nieta y cocinará para los tres.

Sien ha vuelto. Durante seis semanas tendrá que cuidarse: paseos diarios, comida sana y equilibrada, que abunde la leche materna, evitar esfuerzos en la casa, mantenerse segura y estable con un solo hombre. En esto último insistía el doctor conocedor de su historial. Si el pequeño necesitaba medicinas, se las suministraría gratis. Anotas la nueva dirección, Schenkweg, 136. Salís juntos, la agarras por la cintura, protegiendo su indefensión, porta al pequeño, que es vuestro, así lo sientes, no quieres llorar pero una soga te atenaza dulcemente, se vidrian tus ojos. Sien ladea su cabeza, como las mujeres de Modigliani, y agarra fuertemente tu mano colocada en su cadera. Es tan intenso que todo tu cuerpo lo experimenta, como si irradiaras luz desde tu abdomen, y borra de súbito todo el dolor del pasado.

Abres la portezuela, contemplas la escena de cuadro renacentista: los muebles nuevos, la cuna, la pequeña y el bebé en sus brazos, un verdadero hogar, nadie podría ver en tu compañera vestigios, así esperas que lo entiendan tus padres. Explicas con detalles a Théo tus planes esperando su aprobación y comprensión, cuando estéis restablecidos, pedirás a tu padre que venga a visitaros, sin más explicaciones le enviarás el dinero para los gastos del viaje. Una vez instalado en casa, por un par de días, se convencería de vuestra realidad. El afecto primero; el amor, después, os ha permitido superar enfermedad y dificultades. Afrontáis una vida límpida y normal que se compromete en un matrimonio. No te cabe duda, se reconciliará contigo y volverás a ser aceptado. Sois una familia.

Tersteeg te ha visitado. Estás furioso, no quisiste que tu temperamento extremara la situación, ya de por sí violenta, ni alarmar a los niños y a Sien. La mirada ofensiva que le lanzaba, sus preguntas como dardos dirigidas a ti, pero ¿qué estás haciendo?, no dejaban un resquicio para las buenas maneras. Amenazaba con escribir a tus padres y a tu tío. La humillación fue tan completa que salió altivo en la creencia de que su acción te apartaría de una vida ominosa. No cabía una reacción tan sobreexcitada en tu mente. Tu mirada, tan calma y satisfecha, la que te aporta esta vida reciente y estimulante, tanto para ti como para tu creatividad, no es compartida por tipos como Tersteeg. No le permitirás ni a él ni a similares que manchen lo que con tanto empeño estáis levantando. Arrojas el vaso contra la puerta que acaba de cerrar, te llevas las manos a la cabeza, incapaz de asimilar lo que acaba de ocurrir. Sien se te acerca por la espalda y coloca temerosa su mano sobre tu hombro, te quedas ahí, sentado, furioso, apretando las manos, te sangra uno de los nudillos, ni siquiera te percatas, creías que podrías cambiar vuestro mundo, se asoma la realidad.

Dunas, arenas, hermosos paisajes en los que te empleas a diario, Sien no podrá posar para ti hasta su entera recuperación. Te sientes débil pero no quieres parar por más tiempo, la pintura te va devolviendo energías. Arduamente trabajas, cesas para comer y beber. La boda será civil, esperaréis a que vendas tus trabajos, no puedes vivir siempre de tu hermano. Estás ansioso por mostrarle tus progresos en los lienzos, sin duda los responsables son los estudios a tiza en los que te afanas desde hace seis meses. Tu invento, tablas que forman un marco con cuatro cuerdas apuntilladas en los extremos cruzadas en el centro, favorece tu estudio de las líneas centrales y de la perspectiva. Desde tu particular ventana, divisas materia para pintar. Envías en la carta de hoy un boceto. Al caer la tarde, recoges tus enseres y el viejo cubo de pescador en el que te sientas.

Preguntas a tu hermano cuándo vendrá, amontonas los trabajos pese a que muchos estudios se los has ido enviando por correo habitual, menos gastos. Quieres mostrarle tu incesante labor, su dinero no cae en terreno baldío, así podrá conocer de verdad a Sien, entenderá lo que no pueden transmitirle tus cartas, tenerlo de tu parte será clave para convencer a tu familia, sus juicios gozan de gran respeto. Lo avisas. No lo acompañarás a ver a Tersteeg ni a Mauve por razones que de sobra sabe. Debes hacerte un nuevo círculo de amigos para compensar la pérdida reciente.

Vas dedicando unos florines a tu colección de grabados en madera, desearías ir a Londres, allí el mercado es más amplio y podrías aprender más.

Dibujas al pequeño en la cuna, él y Sien cada vez más fuertes, tanto como tu creciente amor por ellos. Cuando las lluvias no te permitan trabajar al aire libre, estos dibujos serán base para tus lienzos.

Recibes carta de tus padres, se van mostrando más cercanos, tras la visita que han recibido de Théo la cordialidad va en aumento. Sabes que nunca comprenderán tu arte pero si lo aceptan, te darás por bienhadado.

La Haya, otoño de 1882

Aprendes de la naturaleza los rojizos, los ocres y amarillos, la elegancia melancólica de los tilos en otoño. Es la mejor estación para pintar. Buscas la luminosidad, incluso en las últimas horas de la tarde. La luz crepuscular acentúa los naranjas. Formas parte de un ciclo. Gerard Bilders, la biografía que ahora lees con avidez, murió a la misma edad en la que tú empezaste a pintar. En tu tierra natal aceptó una vida social que lo aburría hasta la muerte para huir de la soledad del artista. Debes recuperar tiempo y pintas frenéticamente. Admiras más a Daubigny o al maestro Millet pero estimas la fuerza pictórica de este joven.

Hoy te ha sorprendido una terrible tormenta mientras pintabas las dunas. Aguardaste bajo un árbol. La naturaleza te recompensó con un formidable horizonte claro tras la lluvia, la sal espejeando en la arena, escurriendo las últimas gotas.

Con *Pena* empezaste otra serie de dibujos, los que golpean. Sentada en una piedra, abrazaba sus rodillas, la frente enterrada, protegiendo el vientre aún preñado de tristeza. Sus cabellos deshilachados descendiendo por la espalda curva. Los senos, marchitos. De fondo trazas un paisaje de ramas caducas. Los dos dibujos de abril, uno a tiza negra; otro, a lápiz, los empleas de base para tu litografía. Es noviembre.

Acudes con asiduidad al mercado de patatas en las primeras horas del día. Difícil pintar allí, Vincent, entre el bullicio, ojalá pudieras entrar libremente en las casas y sentarte junto a la ventana a observarlos y retratarlos. Te dirigen miradas curiosas recubiertas de cierto temor, te toman por loco, no entienden lo que haces. Te diriges después a tu lugar, a las dunas, en contraste, el silencio mecido entre olas. Has gastado en el trabajo de hoy dos tubos y medio de blanco. Le aclaras a Théo que gran parte del presupuesto se te va en pinturas.

Théo está aquí. Mientras observa atento y preocupado tus pinturas, te alborotas ansioso el pelo, entrelazas las manos a la espalda y paseas por la estancia mirándolo de soslayo. Finalmente te señala la línea de los más vendibles: apenas un par de lienzos. Deberás centrarte en ellos, si quieres obtener beneficios, sabes que la sensatez de tu hermano es la propia de un galerista y de un excelente crítico de arte. Tenías tanto que decirle que se te ha olvidado. Os vais a la tasca más cercana a celebrarlo, te habla de París, de los viejos colegas, de las nuevas glorias, de una ciudad que estalla en el color de los lienzos, de Montmartre, de sus noches, de su renuncia a la vida de casado, de la soledad buscada, de la ausencia, del alcohol y de algún leve recuerdo de aquella chica que conoció. Sonríe, con amplitud, con esa franqueza que transmite la verdad en este mismo instante mientras coloca el brazo firme en tu hombro, hermano, ay, hermano, sonríe a la vida. Y adopta el aire de primogénito que te robó desde que abandonaste tu primer trabajo. Brindáis y dais un largo trago, por el presente.

Ni un florín te queda. Con urgencia escribes a tu hermano, el viernes vendrá un señor a posar, no quieres mandarlo de vuelta, casi a diario practicas la figura. Por medio chelín posan internos del orfanato, almacenas ya cien muestras. Incluso en tu estudio puedes reunir a varias personas a la vez, por ejemplo, unos niños bajo un paraguas. ¿Cuándo volverá Théo?, ¿antes de que acabe el año?

Tu padre te ha visitado. Pese a que el encuentro no es extremadamente efusivo, os alegráis de veros. Se muestra interesado por tu trabajo, frunce el ceño cuando contempla tus pinturas, se retira para obtener una mejor perspectiva, le vas explicando los lugares que has capturado en ellas y la técnica empleada en cada una, asiente. Transcurre la tarde, tu entusiasmo hubiera prolongado la velada pero el parpadeo incesante apuntaba su cansancio. Sien se ha marchado a casa de su madre con los niños para evitar tensos desencuentros. Tu padre rehúsa la invitación de beber en la taberna, no se prodiga en esos lugares, y acepta cortés una cena. Es un buen gesto para revelarle en un futuro próximo tus intenciones.

Procuras que se sienta cómodo, la cena es frugal pero sus halagos disipan la incomodidad por unos exiguos cuencos de patata y arroz. Rellenas su vaso con vino y continuáis charlando sin fluidez pero con mutuo respeto.

Tu padre se ha marchado. Lo acompañaste para despedirlo, sentiste un arrebato de compasión y lo abrazaste, notaste su mano derecha en tu hombro izquierdo que te contenía, volviste a sentir un leve rechazo, quizá inconsciente por su parte, pero se esfumó el brote de esperanza de que mejorara vuestra relación. Les mandas besos a mamá y a las niñas, miró al suelo antes de elevar la palma de la mano en la distancia y mantenerla unos segundos en ademán de despedida. Comprendes que intenta superar sus arraigados dogmas y aceptar tu forma de vida, no puedes evitar conmoverte, por él, por ti, por la quimera del padre que querrías tener.

A veces te sientes extremadamente agotado pero temes parar y enfermar, un paseo para despejar los nublados y regresas. La visita de tu padre ha removido tus recuerdos y andas más susceptible que de costumbre, tener tu propia familia te ha ablandado, procuras identificarte con tu padre en alguno de tus puntos de vista, pero no lo consigues. Te resguardas en casa, el viento sopla desapacible y te agrieta la piel de las manos. Te las acercas para calentártelas con el aliento. Se acerca la estación dura.

La Haya, invierno de 1882

Has dibujado tu *hombre huérfano*, tu anciano del hospicio. Posa para ti pacientemente como si fuera tu alma sola. Este hombre taciturno, de aspecto corpulento parece seguro de sí mismo, en cambio, los otros ancianos se desmoronan en los dibujos a tiza, en las litografías, apesadumbrados, jorobados de desdicha, aguardando la muerte, demasiada tristeza, Vincent, para la euforia que mostrabas en verano, será el invierno o será la inexorable verdad.

Cuando uno se despierta temprano y no está solo, ve a un semejante a su lado, el mundo resulta tanto más agradable. En soledad la noche puede volverse angustiosa, una antesala de la muerte. El miedo se engaña, no se disipa del todo, con el abrazo cálido de tu compañera. Duermes entonces un sueño reparador con el corazón sosegado. Su cara marcada de viruela te recuerda el campo labrado. Sien es la siembra y la cosecha. Vuestra historia, un desafío para todos.

Estuviste con Van der Weele. Te dio algunos aguafuertes suyos. Le gustó el tuyo del anciano que no quiere mirar a la muerte de frente, cubre sus ojos con rabia entre unos puños aún fuertes, se aferra a una vida que conoce ya demasiado. La barba espesa y blanca, el mentón hundido en el pecho, sentado en una silla, esperando. Se teme menos a lo conocido, *En el umbral de la eternidad* lo subtitulas. A Van der Weele no le gusta Tersteeg, no quieres ni alimentar la conversación hablando sobre él pero te confirma la impresión que te dio, es capaz de estropear un buen negocio con sus prejuicios.

Nuevas fuerzas, nuevos proyectos en tu ánimo, te mostrarás en tus pinturas, si no pueden asomarse directamente a tu corazón, introvertido, excéntrico y, a veces, desagradable, lo harán a tus pinturas.

Te gustaría volver a Londres y aprender sobre litografías y grabados en madera. Aunque no cambias lo que has conseguido en Holanda, no del todo satisfecho, vas probando técnicas litográficas, a veces se te emborrona y no se perfilan las líneas, es difícil mantener a raya el negro que tiende a inundarlo todo. Envías pruebas a tu hermano, la pierna derecha del anciano y una mano ni se adivinan, necesitas depurar la técnica. Aún así, quieres que vea en qué empleas tu tiempo y su dinero, las litografías son más caras pero, si el resultado es satisfactorio, puedes vender muchas con una sola plancha.

No te llega carta de Théo ni los 50 francos que esperas y se aproxima diciembre, no quieres darle opción al dueño de que os eche, procuras pagar lo acordado el primer día de cada mes. Es un buen lugar, podrían ofrecerle más y os veríais los cuatro en la calle.

Van Rappard está enfermo, te ha escrito su padre, de continuar así deberás ir a verlo, escupe sangre, ¿tendrá lo que tu hermano y tú sospecháis? De momento no quieres importunarlo, está bien atendido por sus padres y hermanas, tu presencia lo forzaría a hablar y debe reposar. El silencio como curación, le sugieres, la tensión de espíritu que sufre todo pintor, la melancolía, la frustración por esa tendencia al infinito, *economiza tus fuerzas*, le recomiendas.

Théo te sugiere que reduzcas el tamaño de las litografías, facilitaría su venta. Rápidamente respondes, si alguien se ha interesado, lo harás; de lo contrario, continuarás con el mismo formato, te sientes más cómodo para marcar las proporciones, no dispones aún de la destreza que se requiere para la miniatura. Te obligas a recoger los detalles, las manos, los pies, aprenderás a pintar directamente sobre la piedra, sin necesidad de los dibujos previos.

Has reclamado en correo, se ha perdido la carta ¡y el billete que incluía! Eso explica la tardanza, te inundaron incertidumbres, ¿habrías ofendido en algo a tu hermano? Le aclaras que no intentarás vender al margen de él, solo tanteas posibles compradores donde resides. Te hablan de un judío que colecciona grabados. La siguiente carta despeja temores, pagas con el contenido la renta del piso.

Rappard continúa enfermo, te preocupa, esperas su pronta recuperación para intercambiaros visitas y para que juzgue tus últimos trabajos, su opinión te ayuda, confías en su buen gusto. Tenéis mucho en común, estás seguro de que podréis estrechar más vuestra complicidad, cobra especial importancia la amistad, ahora que el frío obliga a la reflexión y al silencio, con Sien no puedes compartir tus ideas sobre arte. Su aprendizaje viene de su experiencia, te consta que vida y arte van unidos, que ser madre amplía cada día los límites de su conocimiento un poco más, es curioso cómo puede alimentarse un alma ignorante. Podrías entrar en los círculos de pintores, como intentaste en un principio, pero has visto las relaciones triviales en las que se basan, con hipócritas comentarios para ser aceptados. Para ti la amistad incluye confianza y fidelidad, si no puedes ser sincero y rechazar las obras simples y carentes de fuerza, prefieres mantenerte al margen.

Pides a Théo que te describa Montmartre en Navidad, con el invierno la religiosidad llega a tu estudio: a lápiz pintas a un hombre sentado leyendo la Biblia, te atreves con la tiza negra, pluma y pincel para dibujarlo de pie: el ceño fruncido, contrito, el labio caído en gesto reflexivo. Relees *Canción de Navidad*, como tantas veces desde niño. Presente tienes una cita de Víctor Hugo: "La religión pasa, Dios permanece".

Como propósito para el año nuevo, aseguras a tu hermano que ganarás dinero para no prolongar esta situación de dependencia económica. Podrías trabajar como ilustrador en algún periódico, disminuiría esta continua sensación de culpa. Seguramente, si te lo propusieras, obtendrías hoy un trabajo en Londres. Cuando terminas de escribir esta frase recuerdas tu fracaso en Goupil años atrás. Progresas, a pesar de todo, pero te sientes encarcelado, una coraza de convenciones que pesan demasiado. Sin ingresos, tus energías no pueden escurrirse en este desánimo por no vender.

Has tenido que dejar a un lado las litografías, muy costosas. Van Rappard te ofreció ayuda cuando supo la razón de tu vuelta a las acuarelas y, sobre todo, al lápiz. Conmovido, se lo agradeces profundamente aunque de momento no quieres aceptar dinero de él, significa mucho, tal como andan tus amistades últimamente. Una punzada en el costado izquierdo, el viejo dolor de la soledad al que has ido esquinando con el pequeño de Sien, su risa, su mano tierna, imprecisa en su tacto, su cuerpo cálido te devolvieron la esperanza en el ser humano. Desde el afecto, no desde la rabia o el abandono, pintas con más precisión. Paciencia para tus proyectos, esperanza para el nuevo año.

Comienzos de 1883. Van Rappard va mejorando con lentitud, le adviertes con cierta distancia al hablar de Sien, de tu situación actual, la convivencia con ella y sus hijos ilegítimos te ha cerrado las puertas a quienes considerabas amigos o, al menos, conocidos. Bien por mantener las buenas costumbres bien por tu oficio incomprendido, aún menos el de ella, bien por la moralidad en boga, cada vez estáis más aislados. Rappard se muestra comprensivo y asegura que cuando se recupere acudirá a ver tus trabajos, haciendo caso omiso de las habladurías. En tu mesilla tienes *Acorralado*, de Dickens. Te has hecho con una edición francesa de sus obras completas, el mismo texto es diferente cuando has vivido, despierta emociones que ignorabas, las liberas, contra tu voluntad.

Acabas de adquirir una colección de grabados, en pago dibujaste a los padres del judío que te los ha vendido. Entusiasmado con tu compra, escribes a Théo. Corren tiempos en los que la ignorancia ocupa un lugar tan extenso que no deja espacio para el arte. Los tomos de la colección *Graphic* son una auténtica ganga, ¿cómo nadie se interesó por ellos? En el actual panorama vas asumiendo con desánimo que tus litografías no se abrirán paso en el mercado de arte, al menos, no de momento.

Ahora te vuelcas en bodegones peculiares: farolas rotas, calderas oxidadas, cestos de mimbre… el barrendero se ha comprometido a traértelos del basurero en una carretilla. Te estimula trabajar con el volumen y la forma en tu gran espacio de luz natural, arriba en el ático.

Sien ha vuelto a posar para ti, te empeñas en mostrar escenas de hogar: los cabellos recogidos en un moño, los hombros cubiertos con toca de lana, cosiendo, acunando al bebé, pelando patatas, acompañada de su hija. Representan el papel que le has asignado como mujer, aunque no por mucho tiempo.

Dejas las litografías. Ahorras en pinturas y gastas en modelos: tiza de montaña, lápiz y papel.

Théo te confiesa que está ayudando a una mujer sola y enferma. Ves paralelismo entre su historia y la vuestra, removido, elogias esa necesidad de la conciencia por encima de la razón, confórtala, acógela, protégela, le aconsejas con fervor. La *paciente*, así os referís a ella, ha sido operada de un tumor en el pie, la convalecencia será lenta.

Van Rappard está mejor, esperas verlo pronto, en cambio tú te sientes debilitado. El frío no es buen compañero con las escasas defensas de que dispones, dada vuestra alimentación. El dolor de muelas te afecta al oído y al ojo derecho, no quieres ceder a la enfermedad, sabes que si dejas de trabajar, la depresión se apodera del ánimo creativo y permaneces varado. Los ojos fatigados segregan a veces y has de secarte para seguir distinguiendo colores. Te los lavarás con té, como sugiere Théo, ya te recuperarás. Los niños mantienen buen aspecto, la hija de Sien va adquiriendo color y apariencia propia de su edad, apenas se reconoce a la niña famélica de ojos hundidos que miraban con indiferencia e incomprensión. Pides a Théo algo de dinero: o ayunas o dejas de trabajar.

La *paciente* ocupa gran parte de vuestras confidencias, tienes tantas ganas de verlo, le escribes a la luz de la vela, los días son demasiado cortos y aprovechas la luz natural para pintar, evocas su presencia y, por instantes, olvidas que los dedos de los pies están tan helados que ni los reconoces como parte de ti. Continúas, la caligrafía se resiente, los guantes negros de lana vieja impiden el trazo fino, añoras una amistad cercana para compartir inquietudes, tu hermano es también tu mejor amigo y te arriesgas a aconsejarlo, debe de ser sincero con esta mujer, decidir, cuando se restablezca, si les une solo amistad o quiere convertirla en su compañera. Si es esto último, debe afirmarlo ya, asegurarle que se quedará con ella, que no cabe el abandono sino un compromiso cierto y sincero. Sien durante su ingreso sufrió ciertos desajustes mentales atribuibles al cloroformo, llegó a escribirte una carta deseándote buena suerte si estabas con otra, como suponía. Quisiste apresurarte a sacarla del equívoco pero transcurriría una semana hasta el nuevo día de visita. La *paciente* saldrá de su estado anémico con cariño incondicional, sin provocarle tensiones nerviosas con dudas sentimentales.

La Haya, primavera de 1883

Sin fobia al negro, no en las acuarelas. Ahí están cuatro dibujos en el telar, un metro por medio metro: *Cenagales, Arenal, Vertedero de basuras, Cargar carbón*. La esencia de trementina, la tinta de imprenta, la tiza litográfica, pasean entre el duermevela y te levantas a las cuatro de la madrugada a trabajar *es el mejor momento para ver las grandes líneas*, encendido después de tanto tiempo sin crear. Es como renacer tras un letargo de fiebre y recibir el mundo como si lo vieras por vez primera. Frente a frente con la naturaleza, rara vez pintaste de memoria, buscándote a ti en ella encuentras lo que estaba ya en tu cabeza. Aún no del todo satisfecho, hay más, Vincent, late en tu pincel, en tus lápices, solo tiene que salir de esos nuevos lápices que has descubierto, los Faber a veinte céntimos la unidad, el negro que necesitas para tus estudios grandes.

Sin noticias de la *paciente*. Entiendes que es buena señal, la recuperación será favorable si tu hermano no te ha dicho lo contrario, por tu parte prosigues con vuestro proyecto, apostándolo todo, en una confortable estabilidad, valoras no estar solo.

El frío deteriora tu salud, pero sigues dibujando, es más viril, dices, que la acuarela. Descubierta la tiza de montaña, ahorras en color, solo trozos de papel y el color del campo labrado que recuerda al verano. Los gastos te obligan a dejar a un lado las litografías, solo de momento, los céntimos los empleas en modelos, nunca te arrepentiste de gastarlos en ellos. Dibujas sin parar, sentado junto al fuego, mirando a través de la ventana, entre penumbras, la nieve.

Has visitado a tu amigo Rappard, te echa la mano por el hombro, Vincent querido amigo, cuánto tiempo, y te conduce al estudio donde almacena sus últimas obras. Enciendes tu pipa y con fruición la saboreas, aguardas unos instantes antes de emitir un juicio, Rappard se impacienta, los contemplas, hacía más de un año que no veías sus trabajos, los elogias, son sinceras tus opiniones sobre los croquis de la *Hilandera*. Rappard ríe con su enorme boca franca y te da una fuerte palmada en la espalda. Habláis de las litografías, de los precios del material, de la situación actual del mercado del arte, de las posibilidades que ofrece Holanda o París. Le explicas tus ideales, no dibujas para gustar, aspiras a la honestidad, a la exactitud, no para esos comerciantes, fariseos del arte de exposición, piensas en el espíritu que debía unir a los artistas, un solo objetivo, una misma voluntad, y esas dos fuerzas en ti, tensión y sensibilidad, cuando trabajas. Rappard te deja terminar tu discurso, conoce tu apasionamiento, algún día, querido amigo, quizás ocurra, y zanja la cuestión guiándote hacia una botella de tinto.

Carta para Théo, la *paciente* se merece esos cuidados, le adviertes de que casarse es comprometerse también con su familia, a veces puede ser una mala influencia, como lo es la de tu compañera, quieren alejarla de ti, considerando que no ganas para manteneros, le vaticinan que acabarás abandonándola, mejor adelantarse. Le aclaras que nunca te irás, a menos que vuelva a su antigua vida. La madre de Sien no es mala, solo que su visión es muy diferente de la tuya, has llegado a sugerir, viendo cómo la tratan los hermanos de Sien, que se instale con vosotros. La bondad puede aprenderse, incluso multiplicarse cuando hombre y mujer miran hacia el mismo punto, consolidando un mismo proyecto, como podrían hacer tu hermano y la mujer con la que vive. Pese a que vuestro padre no lo apruebe, acabará aceptándolo como parte del devenir, se está ablandando, debe ser la edad y el dolor de que sus hijos se alejen, os ha enviado un chaquetón de mujer y un sombrero, su forma de aprobar vuestro estado. Con Théo actuará igual, le recomiendas que le dé tiempo, simplemente, sin tenerle en cuenta sus reticencias.

Cada vez te exiges más como artista y ser humano. Todo tú, Vincent, en tus dibujos, que sepan que pintas dejándote lo que eres, pintor de figuras, como Dickens, al que lees ahora incesantemente, su *Historia de dos ciudades*; como Víctor Hugo, has vuelto a leer *Los Miserables*, ¡ah!, esa época a la que te gusta transportarte para pintar tus tipos humanos. Reflexionas acerca de Fantine, la prostituta, este personaje podría ser tan real como Sien, una mujer desatendida por su familia, sin protección ni formación corre el riesgo de echarse a la calle. En deuda con Théo, trabajas, solo con tu pipa, cuando duerme el día. No hay leche para el pequeño, sin un céntimo. Visitas a Tersteeg, un intento desesperado por vender algo, te vuelve a tu sitio con el mismo tono que un año atrás, no le interesan los dibujos sino las acuarelas, pierdes el tiempo. Te muestras educado, en este mercado no debes granjearte más enemigos. En deuda también con Sien, debes ser un modelo de rectitud, la conducta que no aprendió en casa debe asimilarla por imitación y tú eres su compañero. Autocontrol, disciplina, frenas tus impulsos enrabietados. Se enredan tus tobillos, el pequeño gatea por tu estudio, te recuerda la vitalidad intrínseca del ser humano, solo nos desgasta la enfermedad y la vida cotidiana. Diez francos, los gastos de una semana de trabajo y algunas compras para el hogar, solo diez francos, suplicas a tu hermano para poder aguantar hasta el próximo sobre, no quieres pedirle a Rappard.

1 de Mayo. Felicitas a tu hermano, es su cumpleaños, confías en que sea un buen período el que inicia junto a la *paciente*, va mejorando, si dejáis a un lado ciertas recaídas nerviosas, cuerpo y alma deben permanecer sanos para vivir sin desestabilizarse y no caer enfermos. Un año es demasiado, necesitas verlo, escuchar su voz, supones que está bien por sus cartas, pero solo viéndolo te convencerás, intuyes que cierta escasez económica lo bloquea, te preocupas.

Almacenas muchos dibujos para enseñarle, si vinieran juntos el próximo verano conocerías a su compañera, ¿tiene planeado presentarla a vuestros padres? Tu hermano teme que descubran la reputación de esta mujer. Has experimentado las dificultades de no ser aceptado en la familia propia y ajena, la de Sien insiste en que tú acabarás abandonándola, por ella misma o por sus hijos, la madre, en su intento de protegerla, solo aviva desacuerdos en vuestra convivencia. Sabes que si os alejarais de todos podrías crear un hogar cargado de esperanza. Bajo las convenciones que habéis roto, bajo las normas aprendidas, 'la gente nunca cambia' martilleando en la cabeza, están vuestras almas, unidas, partícipes de vuestra miseria, deseosos de otra vida en un futuro cercano. El campo puede ser la respuesta.

Piensas en Brabante, en realizar en otoño estudios de tus padres, uno junto al otro, añoras un acercamiento sin desdenes ni reproches, tu padre dibujado como el predicador de campo, entre la tierra labrada y el cielo bajo, tocando las hojas de fondo. Las líneas que has aprendido en los retratos del asilo mejorarán tus nuevas obras, pese a que pocos las entiendan. Vives para pintar, consciente de lo que eres y podrías ser. Seres imperfectos, arrastrando errores por las paredes, pintándolos de blanco para ocultarlos. Y sigues buscando. Tensión, nervios, melancolía.

Vino en el primer tren de la mañana y se fue en el último de la noche. Con Van Rappard volviste a emocionarte con los dibujos, comentándolos, analizando los posibles retoques, algunas sugerencias en la técnica, tanta afinidad encontráis que a la mañana siguiente le devuelves la visita a su estudio en Utrecht. Necesitas unos pantalones nuevos y el dinero para el billete, con los 25 florines que te ha prestado, promesa tuya de que en otoño se los devolverás, puedes costearlos.

Te evitan, lo sabes, por esa mujer que vive contigo. Estás agotado, Vincent, los entiendes y no insistes, para qué llamar dos veces a la misma puerta si no te abren.

Escasa ayuda llega por parte de tu familia. No pudieron aceptarlo. Vivís de Théo. Has conseguido apartar a Sien de la calle pero sois cuatro bocas. Y tú no vendes. El hambre repercute en la calidad de tus trabajos. En el asilo ya no te dejan pintar, argumentan que no hay precedentes, no desesperas, hay muchas casas de acogida donde encontrarás modelos por unas monedas. No importa, seguir, dibujar, dibujar, el arte, lejos de las Academias.

La Haya, verano de 1883

Cerca del mar plantas en el suelo el marco de madera con clavijas horizontales y verticales, de este modo la naturaleza es contemplada desde la misma perspectiva que a través de una ventana, las diagonales, la división en cuadrados te proporcionan puntos fijos. Con este artilugio que has diseñado progresarás en el paisaje.

Puedo darte algo de esperanza para el futuro, estas palabras de su última carta no dejan espacio para otros pensamientos, qué habrá querido decir, sigues sin dinero, con nervios, con fiebre, una noche de domingo, agotado, escribes a Théo. No tienes un amigo verdadero, excepto tu hermano, ojalá estuviera aquí, tu estado depresivo no te deja pintar, debes dinero al zapatero, al verdulero, al panadero, la lista podría continuar, las pinturas son tan caras que has dejado el color, no acudes a Scheveningen, no más marinas sin azules, no te quedan fuerzas para pensar en el futuro, el presente es demasiado extenuante. Te quedas dormido sobre la última línea escrita, un gemido del pequeño te despierta sobresaltado, una vez te has asegurado de que está bien, te echas junto a Sien y te vence el cansancio.

1 de julio. El pequeño Willen, ha cumplido un año, el campo sentaría bien a los niños, a ti, cada vez te gusta menos la ciudad, y a Sien. Alejarla de las nocivas y malintencionadas influencias de su familia conllevaría una mejora para todos, inspiraría nuevos paisajes, en tu misma ciudad, te informas de los precios en el barrio de Scheveningen, que tantas veces has pintado frente al mar. Amigos de De Bock pagan más del doble que tú por el alquiler, estás preparado para ser ilustrador, incluso sería una opción Londres pero sin casarte no quieres afrontar más traslados y desestabilizaciones. De Bock te ofrece su casa para que dejes tus utensilios de pintura, te resultará menos cansado acudir a pintar marinas.

Théo te despeja las dudas con su envío y su anuncio: pronto te visitará, te anima a que sigas trabajando, a pesar de los contratiempos.

Agosto. No puedes reducir más gastos, ayunas y te agotas incluso para llegar a la estafeta de correos. Hoy acabaste en el suelo, el hombre que te arregló una lámpara hace tres semanas quería cobrar. Ni un céntimo, le confesaste, te levantó sin mucha dificultad y zarandeándote contra la pared te cogió por el cuello de la camisa y te amenazó, poco más te queda para caer del todo.

Regresas al óleo y al color, tan olvidados por las deudas, demasiados dibujos a tinta, lápiz y tiza, pintas *Un árbol movido por el viento*, *Paisaje con dunas*, *Vacas en la pradera*. El droguero tenía tubos sin posibilidad de venderlos arrumbados en la tienda. Por 40 florines te proporcionará trescientos entre óleos y pinturas al agua, además te has comprado un caballete, las rodillas las tenías ya gastadas de emplearlas como atril.

Llega Théo. Saldrá de Breda a las dos y cuarto. Acudes a la estación a recogerlo. Calma tus nervios que atribuyes al anémico cuerpo que arrastras, su abrazo te trajo todo el afecto y el candor que tenías olvidado, su presencia replantea tu estado actual. Su risa afable, sus ademanes llenos de entusiasmo y de proyectos te recuerdan lo que eres: un pintor. Camináis por la carretera, el atardecer es la mejor hora para la complicidad, el cielo se ilumina levemente en ascuas malvas y rosadas, el verano no ha secado el campo pero amarillean los tallos en la vereda. No puedes dedicar tus esfuerzos a una mujer que no te ama y que ha anclado tu desarrollo, la angustia te oprime, grita tu estómago hambriento y los bolsillos se vacían cada vez con más premura, las horas de trabajo han disminuido y tu casa no es más que un espejo deforme del hogar que anhelaste. No hay espacio para la serenidad y la calma, la que obtuviste en un comienzo, la que trajo el pequeño a tu estudio, ya solo quedan reproches y la pesada carga de no poder alimentarlos pese a tus días de abstinencia y tus noches de insomnio. Théo te dice todo esto y tú, cabizbajo, las manos hundidas en unos pantalones demasiado grandes, demasiado viejos, sólo puedes decirle que es tu obligación, que le prometiste no abandonarla, siempre que olvidara la calle, que te quedarías para vivir lo que os trajera el tiempo.

Te pareció que su despedida era disgustada, no por la marcha sino por algo que no dijiste. Le escribes preocupado, le ruegas que de vuestra conversación en la carretera no salga nada, algunos podrían emplearlo en tu contra, para recordar los consejos que obviaste y rebanar tu dignidad. Tu atuendo ha mejorado, Théo te llevó algunas de sus prendas, sabes que hablan de ti, que no podrías dar una buena impresión a representantes y galeristas con ropas prestadas que no son de tu talla, pero estás más presentable que con tus pantalones raídos y tu casaca descolorida. Tu padre también te ha enviado ropa. Hace un año que no lo ves, notas la frialdad, hubieras esperado una invitación, les hubieras presentado a Sien y a los niños. Hubierais pasado unos días agradables. Te justificaste, no querías avergonzarlos, por eso no los visitabas, su "haz lo que veas mejor" no supuso más que una distancia mayor entre vosotros, ¡cuánto hubieras deseado unas letras de tu madre animándoos a verla!

Si tu padre supiera de arte, sería más fácil. Théo coincide con las ideas de tus padres sobre la mujer que vive contigo, pocas veces la llaman siquiera por su nombre. Y tú, cada vez más solo. Trabajas mejor sin gente, crear expectativas ante los demás te hace temblar, marchas a Loosduinen, cerca de La Haya, pintas *Granjas en el crepúsculo*.

Abandonarla conllevaría vivir tu propio fracaso en ella y la culpa, Sien regresaría a la deshonra de antaño, la obligación puede más que el amor; tu palabra, más que el sentido común. La ves como una *Madre dolorosa* de Delacroix, reúne la desdicha y la redención. El pequeño no se separa de ti, disfruta tu presencia en silencio, te has acostumbrado al leve tirón al final de tus pantalones, a mirar hacia abajo y a verlo allí. No vas a abandonarla. Aún tienes esperanza.

El encuentro con Van der Weele te aviva las ganas de instalarte en Drenthe, te habla de su visión del artista, un continuo explorador que no debe heredar los errores del maestro. Le planteas a tu hermano tus planes cada vez más firmes del traslado al campo, no puedes estirar más tu asignación, ella y los niños requieren demasiado, estás traicionando tu cometido como pintor. Temes que Sien te echaría en cara alejarla de los suyos, ni siquiera ha sido capaz de cumplir su promesa de distanciarse por un tiempo de su familia, la avisas de las influencias nefastas que ejercen sobre ella, ni tres días aguantó. Le recuerdas que fue su madre quien la echó a la calle desde pequeña, envejecida ahora vive en un tugurio y quiere que vuelva a trabajar, ¿es eso lo que quiere para sus hijos? Tu estómago anda cada vez más débil, solo te acepta manzanas ácidas.

Sien ha vuelto a la calle. Es lo único que sabe y puede hacer. Indignado, furioso, te sientes responsable de ella y de los niños. Nunca sabrás que tuvo cuatro. No bastaron tus deseos. No estás dispuesto a renunciar más. Vuestros destinos se van alejando. *Sobre todo, hermano, no lo comentes; porque si ciertas personas llegan a saberlo…* Consciente de que te hundirás, vas preparando valor.

Tomas conciencia de lo efímero, sientes el sabor a almendra amarga al final de tu garganta. Has comprendido que cada minuto cuenta, que no tienes varias vidas para pintar, que tu tiempo, no es el de los demás, que lo marcan los paisajes según las estaciones, la premura del amarillo, el deleite rosa de la tarde o el azul agilizado por el magenta. Todos van trazando parábolas en tu mente, nadie te creería si lo pintaras antes de experimentarlo. El otoño llama a tu puerta, tu obligación es pintar; la de Sien, sus hijos. Buscar un trabajo digno fue solo una actuación, una treta malintencionada. La madre le había buscado ya un trabajo en un burdel. No hubieras escrito así tu vida de haber podido elegir, pero es lo que tienes. Casarte con ella, llevártela a ella y a los niños a Drenthe, hubiera sido lo más responsable y lo mejor pero no con esa actitud, su fondo no es malo pero sí el de las personas de las que se rodea.

Como amigos habéis quedado, pueden estar en casa mientras encuentran algo, incluso los ayudarás, antes de que devuelvas al casero la llave y zanjes el alquiler. Si puedes permitírtelo, les dejarás algo de dinero para que vayan tirando mientras busca un trabajo honrado. Sigues preocupándote por ellos, de los niños sobre todo, con frecuencia la sorprendes silenciosa, las manos en las rodillas la mirada perdida en algún lugar del suelo, le recomiendas un viudo, que quiera la compañía de una mujer y la alegría de unos niños, ella sabrá hacerlo aunque deberá tratarlo mejor que a ti. No es el amor el que te invade de melancolía por la separación inminente sino vuestra comprensión mutua y sincera o, al menos, quieres llevarte ese recuerdo. No todo ha sido en vano, algo bueno ha aprendido pero temes que caiga de nuevo, tan atraída se siente por lo ya conocido y familiar.

Escribes a tu padre y le informas en unas breves líneas de vuestra ruptura. Solo te queda esperar el sobre de Théo para poder costearte el viaje a Drenthe. Ya tienes empacadas tus pocas pertenencias, pinturas sobre todo, las vas a necesitar.

CAPÍTULO 2

Drenthe, otoño de 1883

11 de septiembre. Albergue Albertus Hartsuiker, Hoogeveen. Has venido aquí, al norte, huyendo de tu culpa. Endeudado con el mundo, te propones pintarlo, *seis o diez años me quedarán de vida*, en tu escrito premonitorio a Theo. Demasiado has vagado, dices, a tus 30 años. Arte o familia. Y has renunciado al amor de una mujer.

Brezales y turberas, tu primer contacto con la naturaleza. Son más hermosos los paisajes de lo que esperabas, se asemejan a la región de Brabante. Hoogeveen es un buen punto de partida para explorar esta comarca al noreste del país. Respiras el aire claro y fresco de la mañana recordándote que para esto viniste, para pintar la naturaleza. Te fuerzas a salir al amanecer, pese a que te sientes tan inmensamente agotado que querrías cerrar los ojos bajo las cálidas mantas de la cama y no levantarte. Te sientas, contemplas, emborronas el papel de acuarela, no hallas el color, tan escasos son que la mezcla te conduce a un frustrado gris sin matices. Al regresar a tu habitación te sientes más deprimido, profundamente dolido contigo mismo, con la mujer sin redimir, con tu proyecto de artista aguardando en unas monedas que no te llegan. Le confiesas a Théo, tras unas cartas algo entusiastas, que no tienes nada, has pagado por adelantado una semana de hospedaje, un florín al día. Si no hay envío antes del 20, no podrás pintar, solo trajiste algunos tubos algo secos, recortes de papel de acuarelas y unos pinceles gastados. Sin brochas nuevas, sin material, en definitiva, no eres sino un mendigo de esperanzas, tu destino marcado por el metal que has repudiado desde tu juventud. Remiendas tus ropas. Se pierde tu melancolía en las manos sucias y pobres de aquella mujer en el brezal esta mañana, acunando a su hijo, la culpa va tejiendo una manta que encorva tu pena, *cuánta tristeza hay en la vida.*

Fue dura la despedida. El pequeño Willem sentado en tus rodillas cuando ya estabas acomodado en el tren, divertido, ajeno al destino que estaban decidiendo en rededor. Sien, mirándote entre el reproche y la tristeza de la despedida inmediata. Se aleja el andén y una parte de ti, que queda de pie, sin manos que se agitan, sin sonrisas ni pañuelos, sin lágrimas siquiera, tal es vuestra vergüenza. Te asomas a la ventanilla y con un leve ademán levantas el brazo. Empequeñecidos, con algo de dinero y un porvenir difícil para el más optimista, los contemplas con los puños apretados, clavándote las uñas por no saltar del vagón.

Intentas el efecto del sol al ponerse sobre los brezales, más extensos aún que los de Zundert o los de Etten. Monótonos y hostiles se tuercen los colores, tan solo logras un lila apagado para partir la paleta. Una cabra y una oveja se suben al tejado de la cabaña junto a la que te has sentado, cierras tu libreta y te marchas.

Bendice, Señor, mi alma rota, hazme instrumento de ti, déjame pintar paisajes en esta tierra tuya, erré, pido el perdón del cielo, el de los hombres no me basta. Cuida de aquellas criaturas a las que abandoné. Seré lo que quieras que sea. Junto a la chimenea, al final de la escalera, hay una cuna y un taburete. Sales de tu habitación, desciendes, a esa hora nadie en la pensión se sienta allí: tu lugar para meditar. Hace tanto que no rezas. Recuerdas tus días de miseria y hambre en la zona carbonera de Borinage, cuando tu padre te retiró la palabra y la iglesia evangélica se negó a renovar tu contrato como predicador. Sin embargo, tu determinación fue ineluctable, cómo volverse sordo si es Él quien llama. Y así recorriste la zona, Biblia en mano, predicando, compartiendo con ellos sus días de pobreza. Abofeteaste a tu padre con su propia mano, había otra evangelización posible. Volviste, como en la parábola. Tu madre te abrió los brazos; tu padre, su mirada, entre la pena y el triunfo por su acierto. Su hijo, un desharrapado cualquiera de las zonas más deprimidas, asumía su fracaso.

Tus primeros dibujos en Drenthe son cartas ilustradas que envías a tu hermano como estudios. Le confiesas que sigues deprimido, que casi no puedes pintar, la llanura desolada de las turberas es también tu propia desolación. Si las observas con paciencia, a contraluz, aparece el Millet más humano, las mujeres dobladas hasta que el frío de los humedales se cala en los huesos y el olor putrefacto a turba se ha disipado con el viento. Este terreno agrícola, otrora combustible, es el único sustento de los habitantes de la zona. Sus colores pardos, oscuros se identifican con tu estado y así vas transformando tu tristeza en impulsos para pintar.

24 de septiembre. Envías tres estudios a Théo, no estás seguro de que estén secos, debe pasarle una brocha con clara de huevo para restaurar el color. Empiezas de nuevo, consciente de que habitarás las lindes de la soledad, un entusiasmo fugaz: el color de los álamos, de los robles, la delgada línea blanca del horizonte y una grieta roja en el azul ceniciento.

Llegan las lluvias y con ellas una tristeza sutil y persistente que evidencia el vacío de ella y los niños, de Willen, sobre todo. Apoyas las manos en las rodillas bajo un techo gris y oscuro. Te parece verlo allí sentado, estampando su mano diminuta en tu barba rojiza, incesante vuelve el mismo pensamiento: ¿y si te hubieras casado con ella? La Haya fue tan excesiva que pasó factura no solo a tu cuerpo, tan hastiado, sino también a tu bolsillo. Aún debes dinero a Van Rappard. Doblegada tu angustia, escribes al carpintero para saber de ella. Te informa de que se marchó y se lo llevó todo. Fingió que desconocía tu dirección cuando Sien se la pidió, creyó que era lo mejor.

Las palabras te alejan de los hombres. Tienes dificultades para conectar con la gente, necesitas modelo y no logras empatizar con ellos, se ríen de ti. Una mirada puede conectarte al más olvidado de los campesinos, en la comprensión de su vida simple y cotidiana. Para vender, por desgracia, tendrías que caer bien a los marchantes y a posibles compradores. Théo se llevó las confidencias, tú quedaste como el chico extraño e introvertido y te beneficiaste de ello. Ojalá estuviera aquí.

Al fin, una acuarela sobre papel blanco. Destaca a la derecha una agavilladora, brillante, más espesa la pintura que en el resto sobre un juego delicado de verdes. Un gris rosado para la estela del sol, y continúas con *Pila de turba y casas*, con los reflejos claros del ocaso, los grises del pantano, lo naranjas tímidos.

Con el envío de Théo llegan también los óleos, en el pueblo no se pueden adquirir. Pintas la turba, la siembra de patatas, las cabañas con el aire de tu melancolía, pintas las siluetas de campesinos, la puesta de sol en el eterno otoño de tu nostalgia. Pintas el olvido como si así pudieras perdonarte a ti mismo.

La pintura se te vuelve más fácil, dices, ansías ser pintor *150 francos al mes como pintor antes que 1500 mensuales como marchante de cuadros* y tu futuro tan incierto como el de Théo. Sabes de sus dificultades en el trabajo, con la casa Goupil, en París, lo animas, *plántate en la tierra de Drente y germinarás.* Emigrar a América merodea en su ánimo, lo persuades para que se consagre a la pintura, estaréis más unidos. Te irías, incluso a París, con él, para estar menos solo. Le escribes desde tu buhardilla donde solo se filtra la luz por una teja de vidrio, y cae sobre tus pinceles gastados y, como en tus dibujos, deja en penumbra lo demás.

Te dejas, abandonado. Solo.

Sin noticias de Sien. Añoras su compañía, sabes que hiciste lo correcto, necesitabas proseguir tu tarea. Reflexionas sobre la prostitución, tu padre condenaría como predicador el arrebato de la carne, alejando el espíritu de su don más sagrado: la divinidad. Pero si el arte puede transformar la visión de las cosas, las prostitutas encarnarían la caridad y el descanso para calmar desamores. No te atreves a dirigir unas letras al domicilio familiar en Bagijnestraat, su madre o su hermano las leerían.

27 de octubre. Carta de tus padres, te comunican la muerte de tu prima. No era feliz, ser la mujer de un banquero entraña dificultades. No podéis cometer suicidio, le dices a Théo, hay esperanza, siempre queda Dios. Un pensador has sido siempre para tu hermano, más bien soñador, pintor, en realidad no puedes dejar de pensar, nunca fuiste práctico.

Carta de Sien. Su letra es casi indescifrable, debes releerla para entender sus mensajes confusamente redactados. Se han ido a vivir con su madre, trabaja en una casa de ayudante, limpia, plancha, cocina... quizás aún pueda salvarse, piensas con tristeza. Los niños están bien y contentos.

Mediados de noviembre. Nueva Amsterdam. Has apartado algo para realizar excursiones. Aquí realizas óleos, *Granjas con pilas de turba,* hermano, le escribes, ahora estoy sintiendo que vuelvo a ser, nuevos espacios y nuevos proyectos para pintar. Pretendes visitar a Rappard, ahora en Terschelling, más adelante también podrías ir a Assen, la capital de la provincia.

Tu hermano está enfermo, sus nervios lo mantienen en una continua excitación, lo entiendes, es un mal que arrastráis los miembros de tu familia. Necesitaría vincularse con la naturaleza y alejarse de la incertidumbre de los negocios de Goupil, por experiencia sabes cómo llegan a condicionarte y anularte, él es un gran marchante. Su talento está desperdiciado y enfermando trabajando con ellos. Abandona París, le escribes, si la carga económica que supones para él es ancla, renuncias a ella, no quieres ser el impedimento de su desarrollo artístico. Son muchas las parejas de hermanos que han sido artistas, vosotros os retroalimentaríais al trabajar juntos, lo animas a que lo deje todo y se establezca contigo allí. Haces cuentas, unos 1500 florines al año para lo básico. Podríais pagar una parte por adelantado a tu casero, el resto lo ganaríais con las ventas que esperas lograr de aquí a dos años, el tiempo que piensas permanecer en Drenthe. ¿Será Marie, "la paciente" un condicionante? No quieres meterte en su vida pero ya sabes a lo que conduce esa responsabilidad emocional. Más sufrimiento para ambos. No dirás nada en casa, si él quiere mantenerlo en silencio, lo respetas.

No hay respuestas de Theó. Insistes, debería ir al doctor, tomará así conciencia de su estado, no debe dejarlo pasar. El carácter de tu hermano es incompatible con la vida articulada, estrepitosa, incesante de la ciudad, vuestra tierra natal es de campos extensos y cielos lisos, lejos del bullicio y la vida acomodada. Vuelve a lo sencillo, Theó, le recomiendas, que germine tu arte como la semilla en primavera. Te cuesta seguir solo. Las casas para arrendar son baratas, preferirías vivir en una de ellas a hacerlo en la presencia impersonal de una pensión pero no solo, se te haría enorme y deshabitada. Si él viniera, cambiaría todo.

Te planteas marchar a París en el peor de los casos para apoyar a tu hermano, buscarías trabajo en una imprenta o en una revista como ilustrador. Abres las posibilidades a Londres o a La Haya, no sabes hasta cuándo podrás soportar esta soledad. El estado de Théo acrecienta tu malestar.

26 de noviembre, lunes. Recibes carta de tus padres. Por ellos sabes que tu hermano dejará las cosas tal cual están. Ofendido por su falta de confianza y su silencio le recuerdas que quizás está siendo manipulado por esa mujer a lo Lady Macbeth. El aire del brezal le despejaría dudas.

Has estado en Zweeloo, un pequeño pueblo a tres horas de viaje de Drenthe. Saliste con tu casero a las tres de la mañana, hacia el mercado de Assen. Decidiste apearte y volver por tu cuenta aprovechando para realizar estudios durante el camino. Olvidaste comer y beber con excepción de un café solo y un trozo de pan moreno. No hay pintores allí en invierno, no se puede pintar fuera con este frío.

1 de diciembre. Théo justifica su silencio y te aclara la situación con Goupil. Por si acaso influye en su decisión la asignación que recibes, le explicas que hablarás con tu familia, vuestras desavenencias son agua pasada. Seguro que, por una vez, tu padre y tú estáis de acuerdo. Pese a tus esfuerzos no consigues ahorrar, las pertenencias que dejaste en La Haya no pueden seguir guardadas por el casero si no le envías 10 florines, lo acordado. Has pedido dinero a tu padre pero no

obtienes respuesta. Otra vez se han tenido que trasladar, la Iglesia Reformada Holandesa impulsa al pastor a difundir esta rama tan marginal por los pueblos.

Volverás con ellos, solo unos meses hasta que puedas costearte tú mismo hospedaje y comida.

CAPÍTULO 3

Nuenen, invierno de 1883

Confíame tu secreto, naturaleza, y haz que profundice en ti.
Diciembre. Aquí, al amparo económico de tu familia, te entregas al color: *Continuamente estoy en búsqueda del azul,* escribes a tu hermano. En lucha estás con tu padre, el hijo del pastor es mirado con recelo y respeto, de momento te protege tu aura de artista. Tu marcha fue pronta, una tarde de lluvia, nieve y tormenta, seis horas a pie por la turbera hasta llegar a Hoogeveen. Cayó la noche encima y, con ella, la melancolía y la desilusión, la soledad resultaba insoportable en Drente. El recibimiento fue cordial y acogedor, sin efusivas muestras, tus padres te recibieron en el salón, las llamas crepitando al final del día, la mesa puesta para ti, un tazón de sopa y pan del día que te parecieron manjares. Will bajó las escaleras al oír tu voz y mostró una amplia sonrisa. Habían pasado dos años desde que te marchaste, todo seguía igual. Ellos, también. Flotaba cierta incertidumbre, cierto desencanto, regresabas y todos sabíais que era una prueba ineludible de que no podías mantenerte por ti mismo. Ni

49

siquiera pudiste costearte el viaje, tu padre te envió un giro. A pesar de todo, no estabas solo, las sábanas limpias y planchadas, tu estómago lleno, dormiste hasta la tarde siguiente como hacía tiempo, los nervios debilitados y un fuerte resfriado te mantuvieron en casa por diez días.

Transcurre el mes, no te adaptas a la vida familiar, han optado por obviarte, las tensiones con tu padre no se han distendido, confiabas en que el tiempo hubiera moldeado algunas de las rígidas normas que él sigue e impone. Escribes a Théo desahogándote, carta tras carta, acumuladas en el mismo sobre, él te alienta, sé paciente, confía y pinta, te aconseja. Esa incomodidad continua por no traer ingresos a casa, por no ser comprendido te desconcentra, Vincent. Es 10 de diciembre, has devuelto a Rappard los 25 florines que te prestó.

El lavadero y el trastero serán tu nuevo estudio. Tienes un lugar que te es propio y que te permitirá crear, el frío aumenta, la luz exterior es escasa y débil, las noches, largas. Tus padres se han dado cuenta, tras muchos enfrentamientos, de que te quedas, de que vuelves a formar parte de ellos. Cuando más desesperado andabas, las cartas de Rappard y de tu hermano te animaron. Dudas, ¿acaso Théo ha intercedido para que tu padre se adapte a esta situación? En cualquier caso hoy has vuelto a pintar. Trajiste tus enseres de La Haya y aprovechaste para ver a Rappard y a Sien. La encuentras con más coraje en su espíritu y mayor determinación, no querías desentenderte totalmente de ella, te acompañó la congoja de lo que pudo haber habido entre vosotros, a expensas del tiempo, pero comprendes que no hay paso atrás, ni siquiera ahora que has vuelto al cobijo paterno y tan arduo resulta tu desarrollo. Te alojas en Kosthuis número 1, Assendelfstraat, 16, por pocos días.

La crueldad, como la compasión, puede ser infinita. Te culpas a ti primero; a Théo, después. Tus cartas siguientes abandonan el tono cortés, has recapacitado mucho, algo se ha roto entre vosotros. Las conversaciones del verano pasado sobre tu situación con Sien, cómo precipitó en ti los acontecimientos, las nulas referencias a ella y a los niños en sus cartas cuando tú dedicabas largos párrafos a explicarle tus confusiones al respecto, tan solo en una ocasión se refirió a *esa persona*, se vuelcan en ti ahora como desperdicios. Quedas aplastado, sufriente por lo que has visto, regresado a contemplar la tristeza en los ojos de una mujer sola. No ha vuelto a la calle como te vaticinaron, no se ha desentendido de sus hijos ni ha dejado de pensar en ti, vuestro afecto se ha mantenido intacto, el pequeño, al que has criado como tuyo durante un año, no muestra buen aspecto. No puedes dejar de imaginarlos, su pena es la tuya, tan honda que tardarás en esquivarla. Te duele que la aceptación de sus consejos te revele que tienes dos caras, igual que él, igual que tu padre. Os apartasteis de la compasión. "Bienaventurados los misericordiosos porque ellos alcanzarán la misericordia". Si no eres capaz de perdonarte, ¿habrá un Dios para ti?

En Nuenen te sientes más cerca de los pobres que del resto. Una vida ruda que asumen como parte del destino sin quejas, te han acogido los tejedores y los pintas por unas monedas de las que te envía Theo, 150 francos para ti y una serie de diez cuadros para él. Los exteriores son hoscos, no se dejan pintar: el frío implacable, el cielo triste, los cuervos en la mañana sobrevolando campos de verde marchito. Buscas el abrigo en el interior: el rostro tenso del tejedor, las manos ágiles, los labios apretados, como tú, delante del caballete. Tejiendo para vivir, viviendo para pintar.

Enero. Tu madre se ha caído, la bajada del tren resultó ser peligrosa. Pintabas al aire libre cuando te avisaron. Una fractura en el fémur derecho cerca de la pelvis y de la articulación de la cadera la obliga a reposar, tu hermana está débil, por primera vez en mucho tiempo, te sientes útil. Ya no te ves como *el perro al que deben poner un bozal,* ahora te necesitan y estás contento de ayudarlos. Acaba de comenzar el año, muchos gastos extras, ofreces el dinero que tenías para saldar deudas a tu padre. Théo, preocupado, insiste en viajar a veros. Lo calmas, vuestra madre se alarmaría y revestiría de gravedad un mero incidente, lento y pesado pero sin riesgo. Te urge ganar dinero. Ya no sólo para ti, sabes que la pensión que quedará a tu padre será similar a la actual, si se mantuvieran los dos solos, podrían incluso disfrutar de ciertos lujos. Esta sociedad no admite muchachas casaderas sin dote, tus hermanas viven con ellos y lo seguirán haciendo de momento. Te consuelas, tu situación es solo pasajera, pides a Théo que insista en mostrar tus cuadros, alguien habrá capaz de apreciar tu entusiasmo y solventar, al menos, los gastos de tus materiales.

Théo te envía 50 francos en concepto de alojamiento para que lo entregues a tu padre, lees la carta ante él, no deseas malentendidos. Crees que puedes apañarte con 100. Ahora gastas menos, te planteas vivir en el estudio durante el día para trabajar con libertad. Ilustras las cartas: la iglesia, la serie de los tejedores (interiores junto a la ventana, del lado izquierdo, del derecho, solos o acompañados), tus dedos te piden movimiento para no entumecerse, el trazo te resulta cómodo y sencillo, no hay grandes pretensiones, solo bocetos informativos para Théo de tus creaciones. Día 20, dibujas a pluma, no desafías al frío, en tu estancia empleas como modelo el boceto a lápiz que hiciste sin feligreses, con ellos te atreverás al óleo, en octubre, con sombras tostadas en la tierra. Con miedo no hay matices, Vincent, engaña la paleta y atrévete con tonos arriesgados, demasiado pronto, quizás, demasiado temor en tu pincel, demasiado apego a tus modelos. Continúas aprendiendo.

Manet se expone en Goupil, una retrospectiva cuando se acerca el primer aniversario de su fallecimiento. Te encantaría ver sus desnudos, su carnalidad casi al alcance de los dedos, no has conseguido aprehender un instante tan humano en un lienzo, la sensualidad contemplada sin pudor.

A pesar del elogioso artículo de Zola en *Mis odios* sobre Manet como padre del arte moderno, para ti sigue siendo Millet. Crecen los contactos de tu hermano con los impresionistas, en las rivalidades y desencuentros entre pintores y galeristas, su honestidad acrecienta el número de quienes lo eligen como alternativa a Durand- Ruel o a Georges Petit, en eterno litigio por las telas del nuevo estilo: Monet, Pisarro, Lautrec, Cezanne, van ganando reputación aunque sin repercusión económica.

La vieja torre en Nuenen te fascina, acumulas estudios, dibujos y óleos. La pintas con un hombre arando, el cielo atormentado y la promesa de una primavera salpicando de rojo el campo. Aquí nadie te molesta, siempre te irritaron los fisgones, en esta zona solo los trabajos de campo tienen cabida, ardua tarea para siquiera reparar en ti. Se cuela el viento tibio por el cuello de la chaqueta, te lo subes, deberías abrigarte más, no puedes permitirte volver a encamarte. Pintas para ella los árboles, la iglesia, el paseo que no puede disfrutar, estas telas son ventanas que tu madre coloca en su habitación. Las contempla con agradecimiento; tu padre, en cambio, te empequeñece, un sentimiento infantil te llega como si fueras un niño que muestra su dibujo, la incomprensión del artista en su propia casa.

13 de febrero. Buenas noticias. Vuestra madre estará recuperada en tres meses, el médico corrigió su diagnóstico inicial que le auguraba seis al menos. Felicita a Will, su

enfermera en todo momento, la admiras y reconoces que sin la entrega de tu hermana tu madre tardaría mucho más en volver a andar. A Théo le pides que escriba con más frecuencia a vuestra madre, le alegra las horas de reposo. Le envías 3 paneles y 9 acuarelas, continúas trabajando con los tejedores, te has ganado su respeto. Recibes carta de Théo, aún debes mejorar tus estudios, lees entrelíneas que continúes con paciencia. Te molestas, decides no enviarles los nuevos ni los que están aún frescos de la vieja iglesia, si quiere verlos, tendrá que esperar a la primavera, cuando venga a visitaros. Has enmarcado en negro los estudios de Drente, el carpintero lo ha hecho a un precio reducido. *Quiero ver mi trabajo en galerías de primera clase*, afirmas despechado a tu hermano en un alarde de soberbia.

Estás asqueado del hombre, de ti mismo, le confiesas a Rappard. Te preguntan por qué no vendes, razonamiento absurdo, pero hay tanta ira dentro de ti... Sabes que el arte no está solo en la mano del hombre, *que mana de una fuente más profunda de nuestra alma, los genios no se imitan*, y te vuelves contra ti, contra Theo, que eres ya tú mismo, le reprochas, no ha vendido un solo cuadro tuyo, ni lo intenta. Enséñalos, le escribes a Rappard, no renuncias a encontrar un aficionado que te los compre. Te convences de tu labor, casi mesiánica: contribuir a un mundo mejor. Eso te basta para seguir haciendo luz en tus cuadros. Lees sobre Millet, el pintor con mayúsculas. Te lo han regalado y te convences más de que aún no sabes pintar pero estás ante el objeto, ahí, delante de tus ojos, se eleva la vieja torre del cementerio. Coges el pincel.

Théo no te comprende. Pensabas que la tristeza era la misma para todos, ahora descubres que existe una antigua, infinita, casi bella, que aúna a todas las demás, nacida en el instante en el que el hombre toma conciencia de que ha de morir. La vida se vuelve entonces un reto, un tiempo finito. Gime tu alma en un llanto seco incapaz de liberar la angustia que te oprime. Prefieres poseer 5 florines ganados por ti mismo a 10 que te hayan entregado y convertido en un mantenido. No perderás tu libertad a expresarte, si no eres fiel a ti mismo, de poco te sirve lo que consigas. Te aferraste a tu hermano, él no podría decepcionarte, otros ya lo han hecho. Si continúan tus trabajos ocupando un ángulo oscuro en su galería, difícilmente alguien los podrá apreciar. El frío persiste y tu organismo, tan vulnerable y maltratado, se resiente. Escupes pus, alguna infección respiratoria. Tu voluntad quiere trabajar con más rigor pero las fuerzas te flaquean. Hoy no podrás salir.

Odias la soledad, recuerdas aquellas palabras en la estación de Rozendaal a tu hermano, *prefiero estar con una mala puta que estar solo*. Te convencieron, te presionaron hasta desencadenar aquello de lo que te arrepientes. Tomaste decisiones radicales, en tus sueños ella te sigue interrogando. Te quedas mudo. Fue fácil para ellos, por tu bien, decían, en nombre de la moralidad y del interés por ti pero la noche te clava sus dedos, añoras la luz para pintar y olvidar. Si tuvieras otra oportunidad para amar sin condiciones.

Silencios, así llegas a ti mismo para pintar, la vida volcada hacia fuera no deja tiempo para el interior. En tu casa penetra el parloteo por las rendijas y te extrañas de las personas que llevan tu sangre. El ruido está en todos y allí no sirves, te alejas de ti cuando no viertes en los lienzos tus esperanzas. Si hay un destino para ti, aún lo desconoces. Quizás no ocurra nada, quizás nadie espere nada y son tus obsesiones las que te frustran, un yo tan gigantesco que lo arrasa todo y es barbecho para mañana. Quizás no sepas por qué estás, quizás no haga falta. Sólo vive, Vincent. Respira y pinta. Confía.

Parece que en tu familia se asume que la dependencia económica conlleva la dependencia moral. Aún le recriminas a Théo, que se ha convertido en la imitación de lo que más rechazas de tu padre, que sea el causante de tu soledad. No puede darte mujer ni hijos, solo dinero, y eso no paliará tu abandono, solo lo necesario para sobrevivir. Quieres ser libre y que él lo sea respecto a ti, no quieres alejarte de él, sois hermanos, al fin y al cabo, pero sí conseguir la suficiente distancia para que no se yerga como tu asesor moral. Tu temor a no tener hijos, a no tener compañera, es tan desolador que solo lo calma la visión de que es un estado transitorio, no consentirás que tu familia vuelva a inmiscuirse. Para el próximo marzo pretendes renunciar al sustento económico de tu hermano, al menos en su mayor parte, y costearte con tus trabajos lo imprescindible. Te planteas Amberes. Rappard te recomienda que no te mudes allí si no estás seguro de que vas a encontrar algo pero cómo saberlo con antelación.

Envías más dibujos a Théo, te disgustaría mucho que te los devolviera pero si los va a guardar sin más, prefieres un honesto envío de vuelta. Le recalcas que prefieres 100 florines libres de opiniones y juicios en cómo debe administrarlos que 200 controlados. Crees que has saldado las deudas que tenías y lo que debías a tu padre.

Nuenen, primavera de 1884

200 cuadros en dos años. Nunca pintaste tanto, óleos sobre lienzos cuando el dinero ya no es amenaza. Añorabas la primavera, el verde presionando la nieve por salir, renace la tierra, renace tu espíritu, aún se entumecen los dedos pero hay guiños de sol que asoman esperanza. Pintarás los molinos que acompañan los canales de Brabante, los sauces y el jardín parroquial.

Théo y tú habéis dejado atrás vuestras tensiones. Necesitas dinero, se te impone como un hecho independiente de tus deseos, aceptarás el dinero que te envía como pago a tus trabajos. Adquiere así la libertad de proceder como guste al convertirse en dueño absoluto de los cuadros que te ha comprado. Hasta el punto, le reconoces, de poseer el derecho a hacerlos trizas, si así lo desea. Pronto le enviarás las obras que están en casa de Rappard: *Jardines de invierno, El rey pescador, Detrás de los setos*. Tu amigo prefiere los *Jardines*. Todos en formato similar, 40 x 53, a pluma y lápiz. Destacan los árboles caducos, la iglesia al fondo, el tiempo detenido. Los blancos van aportando luz y contraste.

Rappard irá a pasar unos días contigo, de paso te traerá las obras tuyas que tiene en su casa, así las enviarás a Théo. Prefieres no mencionarle las diferencias que habéis tenido. Declaras a Théo los progresos de tu amigo desde que estuvo en París, cuando se conocieron y los conocimientos artísticos de tu hermano lo empequeñecieron. Reconoces que su técnica y calidad es mejor que la tuya, le pides que tenga otra actitud hacia él cuando venga a veros en su próxima visita. Ambos estáis decididos a hacer caso omiso a las críticas y a los elogios, tan engañosas unas como otras de poco sirven al artista.

Tu madre está andando otra vez. Buenas noticias de Cor a través de Théo.

Aceptas tu situación, Millet no hubiera sido lo que es sin su amigo Alfred Sensier, quien le alquiló la casa ajardinada de Barbizon en la que viviría el pintor con sus nueve hijos y su segunda mujer hasta su muerte. Creyó en su talento y no le consintió el desánimo pese a que tardó en vender sus obras y sufrió como tantos el desengaño de ese canto de sirenas que es París. Pero el pintor consiguió el hogar, la armonía que le permitía trabajar en el arte, vivir en la realidad. Sin ellos, no hubiera sido el pintor de los melancólicos atardeceres, de la religiosidad de la tierra a las doce del mediodía. Paulina lo dejó viudo al año de casarse, encontró de nuevo el amor en Catherine. Albergas esperanzas.

Crece la distancia entre tu padre y tú. Te ves como un revolucionario, frente a los tiranos: papá, el abuelo, tu maestro, el señor Goupil. Culpas a Theó. Él, de parte del gobierno. Tú, como en *La barricada,* de Delacroix. Frente a frente. Tu hermano, al otro lado, junto a las tropas napoleónicas, en el golpe de estado de 1848. Solo las cifras invertidas, qué ironía. No se puede ser neutral. Decide de qué lado te encuentras, le escribes. Tú ya lo has decidido. El artista marginal frente al burgués.

Destruyes tus estudios hasta que consigues el efecto de los árboles en flor que buscabas, los destellos sutiles, los claroscuros, las sombras arrojadas. Rappard está trabajando ahora con modelos, pospondrá para Mayo su viaje, desearías que coincidiera con tu hermano. Son difíciles los estudios de los tejedores, ahora pretendes reflejarlo desde un ángulo: el tejedor trabaja sobre un telar rojo con paisaje de abedules, aún no captas la dureza de este oficio, deberás pasar más tiempo con ellos hasta que sus manos te sean tan familiares como las propias.

Mayo. Excursión a Kollen, pintas el molino de agua, óleo sobre cartulina, se te acabó el lienzo y no puedes perder este cielo que dora las copas de los árboles en la ribera, humedecidos los pantalones por el rocío que quedó en la hierba, te levantas satisfecho, enajenado aún en el agua arcillosa de reflejos. Con el pliego extendido para no mezclar colores, emprendes el camino de vuelta.

Instalas tu estudio en la casa del sacristán católico Schafrath, donde alquilas dos habitaciones. Tu madre ha ido a visitarte, sus andares son lentos y cansados, pero su sonrisa es alentadora. Le gustó tu decoración, trajo algo de ropa, sábanas, trapos y comida. Tu padre no fue; tampoco lo esperabas.

Procuras llevarte bien con la gente de aquí. Tienes la sensación de que son más abiertos que en Etten o es el entusiasmo con que los miras la primera vez. En cualquier caso has aprendido que la soledad es demasiado dura para trabajar, quizás debas acostumbrarte a estar solo, el espejismo es creer que no lo estás. Théo anda muy liado con los preparativos para la exposición del Salón, le agradeces los 200 florines del sobre.

Rappard se ha ido. Diez días ha pasado contigo. Sería estupendo que hicierais planes juntos para reuniros cada cierto tiempo, es enriquecedor para ambos, incluso podríais ahorraros en material y pinturas. El verano templado de Holanda te anima a trabajar fuera, cae el sol tibio sobre tu espalda mientras humedeces la pluma.

Nuenen, verano de 1884

El genio existe, sin duda, desde la cuna, pero sin un duro esfuerzo, sin la técnica y el trabajo consciente no habría grandes pintores. Lees "Los maestros del pasado" de Eugene Fromentin, curioso, insaciable, este francés viajó, anotó y escribió sobre la pintura a la que también era adepto. Recorrió tu país natal y mientras comparaba los estilos y técnicas de tus compatriotas. Tú persigues también el saber, buscas más efectos para el negro: el siena tostado, el índigo, el azul prusia irisan de reflejos los tonos que el negro puro no puede aportarte. Los campos de cereales han adquirido negros dorados, cobrizos, contrastando con el cobalto del cielo. Buscas los modelos vivos de Millet, las mujeres de cabellos cortos que asoman bajo sus pañuelos, las ropas austeras y sencillas cuyos colores se confunden con la tierra que trabajan. Es tan difícil pintar el verano. Vas desarrollando tu teoría propia del color, si las estaciones se pintan con los complementarios te quedaría el azul y el naranja para el verano. Verde y roja, la primavera; amarillo y morado, el otoño; de blanco y negro se viste el invierno. Por la tarde es naranja el cereal bronceado. Mamá progresa.

4 de agosto. Théo está en Londres, ojalá pasearas con él a orillas del Támesis. Que visite Constable, le recomiendas, y que no olvide la National Gallery. Has conseguido espléndidas puestas de sol, estás deseando mostrarlas a tu hermano. Intensos rojos al atardecer de la vieja torre en el campo, óleo en tela sobre cartulina para tus pasiones, vuelve a latir tu corazón.

Margot te acompaña. Es agradable tenerla cerca bajo el sol de agosto, te admira, te observa. Y tú pintas. Te lo confiesa. Algo que tú intuías y vacilas. La esperanza de llevar una vida normal. Tus padres se oponen, cómo os vais a mantener, te recriminan. La señora Begemann grita indignada, con tal enlace sus cuatro hijas restantes se quedarían solteras. No, no entrarás en su familia.

Margot se ha salvado. Pero no tú, Vincent, que mancillas el apellido que arrastras. Se desvaneció. El veneno hizo su efecto durante el paseo. *Ojalá muriera ahora*, decía mientras paseabais al atardecer. Tres días antes de la tragedia, avisaste a su hermano Louis, te preocupaba. Habían sido muy rudos con ella, dos años te pidieron que esperaras. Ahora o nunca, con tu ímpetu connatural. A la pérdida del habla siguieron los espasmos, te horrorizaste al verla casi desvanecida entre tus brazos y la tierra. Estricnina y cloroformo, te confesó. La estimulación de la médula espinal le produjo efectos que no se hicieron esperar. Fuiste rápido, debía vomitar, el alivio fue transitorio. El contraveneno se lo administraron en Eindhoven. Allí la llevaste al doctor Van der Loo. La ingresaron en Utrecht. Estás triste, te disculpas ante Théo por la demora de tu respuesta a su carta y a su envío de 200 florines. La tragedia te mantuvo desolado. No deben saberlo tus padres. Te preocupa si el fallo de un suicidio conlleva uno en el futuro. Pueden ser desórdenes nerviosos, una fiebre cerebral que le nuble la mente, quizás tras su tratamiento en Utrecht podáis continuar. Las dudas te confunden aún más, no quieres que tu hermano vuelva a entrometerse, solo te desahogas con él. Has hablado sinceramente con el doctor hoy durante tu visita a Utrecht. Te ha recomendado esperar, ella no soportaría ahora una ruptura, tan dañina como una boda inminente, demasiadas tensiones, debe recuperarse, los tranquilizantes le van devolviendo cierta calma. Sus palabras son concisas: una vida reposada, sana y tranquila, sin sobresaltos. Intentaste ver a Rappard pero no estaba. Vuelves aún más atormentado. Apenas pintas. Solo Louis y su esposa son conocedores de los detalles, el resto de sus familiares sospechan pero no han querido saber. La sociedad te promete felicidad en el hogar, en el trabajo seguro, en la vida acomodada y familiar pero no podrías mantener esta promesa durante el resto de tu vida, romper esa ilusión hace a los hombres infelices y desdichados. Te sientes tan perdido. Si la hubieras conocido diez años atrás. Su familia se ha mostrado cruel, le insisten en su edad, demasiado mayor para ti, doce años más. Te acuerdas de algunas escenas de Madame Bovary, no aceptas un destino trágico para vosotros, podríais ser felices sin cuidado de los que murmuran. Temes caer en la mediocridad de dejar de hacer por miedo al fracaso. Te declaras poco amigo del cristianismo actual como religiosidad limitadora. La quieres. Preferirías *morir de pasión que de aburrimiento.*

Si la rabia fuese nombre de mujer entenderías cómo te aturde, te nubla la visión y anula toda perspectiva posible, lo inunda todo, desde las uñas hasta la garganta, desde las entrañas palpitantes hasta la médula, dirías que estás completamente ebrio de amor, que arrojas dardos por los ojos y espuma por las fauces, entenderías que te convirtieras en animal sin salvación posible, a menos que ella te acogiera en sus brazos para siempre. Pero es incorpórea, como aliento de huracán que vomitas incontrolable. Si después murieras, lo harías en paz. Sin embargo, te toca vivir. Sangra tu pincel de rojos y naranjas, de lo contrario ulcerarías. Aún hay remedio para ti.

Nuenen, otoño de 1884

Has recibido un encargo, el único de tu vida, tu amigo Charles Hermans, el joyero de Eindhoven, se ha dejado convencer. Decorarás su comedor. Los nuevos ricos lo hacen, y no con esas composiciones de santos que te sugería, pintarás las estaciones con el trabajo de los campesinos: el pastor con su rebaño tras la tormenta, los recolectores de leña en la nieve, la siembra de la patata. Correrá con todos los gastos, los lienzos serán propiedad tuya. Serán los únicos cuadros que no posea Théo.

Tienes ganas de ver a tu hermano aunque no le preguntarías su opinión respecto a Margot que mejora en Utrecht. A veces transcurres el día paralizado por la tristeza, a pesar de ello, estás mejorando la calidad de tus dibujos, crees que podrías elaborar una serie y enviarlos al *London News* para ilustraciones, es mejor que el *Graphic*.

Recibes un nuevo encargo por 25 florines, sospechas que Margot está detrás de él, su forma de darte las gracias. Aceptarás el trabajo pero rehúsas el dinero.

Théo está absorbido. Reflexionas sobre Goupil y Compañía. No crees que sean intuitivos, dudas que hubiesen detectado al joven Millet, es fácil exponer a pintores consagrados en su madurez, se les escapan las jóvenes promesas, descansa esa responsabilidad en tu hermano que suple el escaso talento de sus jefes con su sobreesfuerzo. Primero, identificarlos; posteriormente, convencer a sus patrones de su valor; por último, venderlos desde Montmartre a los distinguidos que quieran presumir de las obras expuestas en sus casas. Te asalta una duda, ¿por qué tu hermano Cor no empezó a trabajar con Goupil y Compañía como vosotros? Has oído a tus padres formular el deseo de que prosiguiera estudiando un par de años más, que fuese cónsul o algo similar. Nunca te sentiste parte de las decisiones familiares, te negaste a entrar en los mapas que elaboraba tu padre sobre el futuro deseado para sus descendientes sin tener en cuenta vuestros deseos, al menos así lo has vivido todos estos años, analizas tu actitud, quizás sea tan solo un acto de rebeldía hacia ellos. Tal vez comprendes ahora que te engendraron para sustituirlo. Naciste un año después de que él lo hiciera muerto. Tu padre, reconstruyes, determinaría entonces: tendremos otro Vincent. No fuiste el primogénito, tu madre lloraba desgarrada mientras te aferrabas a su útero. Desconocemos los designios de Dios, sentenciaría él. Y lo enterraron detrás de la casa. En el jardín, al otro lado de la valla, desde donde contemplabas extrañado en tus pausas de juego aquella inscripción: Vincent Willen Van Gogh. 30 de marzo de 1852.

Has terminado los 6 dibujos para Hermans. Le has cobrado 25 florines, con eso no paga tu esfuerzo y tiempo pero crees que si se corre la voz de que eres barato, obtendrás más encargos. Los irá copiando él mismo en gran formato.

El cambio a la ciudad podría ser una huida de tu melancolía. Te planteas Amberes, asistirías a la Escuela de Bellas Artes, has pensado también en asistir a Bois-le-Dus, donde vive el escultor Stracké, dirige la Academia de pintura local. Te rondan estas ideas inquietando tu ánimo, quieres evitar estancarte de nuevo, tampoco identificas qué temes pero te aborda la inseguridad, perder el control te hace más vulnerable.

Has visto las copias que está haciendo de tus dibujos el joyero de Eindhoven, no te gusta el color aunque tiene una rémora medieval, unos tonos que recuerdan a Breughel.

22 de octubre. Rappard está aquí. Su compañía te renueva el ánimo. Charláis, pintáis, reís, tan olvidado tenías esto, bebéis. Os fascinan los efectos del otoño, habláis de impresionismo, le comentas a Théo, para un holandés es difícil entenderlo. Le envías saludos de ambos, de vueltas a la vida, al trabajo. Es lo mejor.

Nuenen, invierno de 1884

Tienes que irte, llegan los invitados, como cada noviembre. Tus padres te avisan con discreción, prefieren que no estés. Inventas una excursión.

Margot está a punto de regresar a Nuenen. Louis se fue a la bancarrota y fue ella quien le salvó el negocio. Si os queréis, de poco valen las censuras del resto, sus hermanas le han hecho mal con aquellos comentarios tan entrometidos como los de tu hermano, a quien aún guardas resentimiento.

Escribes a Théo, le ruegas te envíe 20 francos antes del 20 de noviembre, no tienes para acabar el mes, has pintado más de lo que puedes permitirte, agotaste los tubos, esto te obligó a la monocromía, mejor que dejar de pintar.

Tienes un nuevo amigo en Eindhoven, Anton Kerssemakers, está muy interesado en recibir clases de pintura, podrías cobrarle en colores. Tiene mejor ojo que Hermans, por su parte este hace progresos. Te ha ofrecido pagarte con un billete de ida y vuelta. Quizás lo aceptes si decides ir a Amberes como explorador, no descartas tu traslado.

Por San Nicolás Théo te envía un sobre con dinero, se lo agradeces encarecidamente, los estudios que realizas de cabezas te están costando más de lo previsto. Evolucionas en tu trabajo y, sobre todo, en tus relaciones con los demás. Hacer amigos te enfrenta a la pintura de otra forma, la desdicha no es buena compañera para un artista. Tras una animada conversación, tu entusiasmo te hace más productivo.

Proponen un nuevo traslado a tu padre como reverendo a Helvoirt. Por suerte lo ha rechazado. Te colocaría en una situación difícil. Tendrías que tomar una decisión y aún lo estás considerando. Crees que lo mejor es permanecer aquí y continuar con tus estudios de rostros, deseas profundizar en los rasgos, en la expresividad, que tus pinturas hablen por ellos.

Anton consigue adelantos, te confesó que la primera vez que visitó tu estudio en Nuenen no entendió nada de lo que vio, salió decidido a no regresar. Tú ya le habías orientado acerca de los colores, quien pintó su casa le había hablado de ti con entusiasmo, así pues accedió y te recibió. Te venían bien las pinturas y, sin dudarlo, comenzaste a trabajar. Ocres, amarillos y blancos, sobre todo. Pero tus dibujos se instalaban una y otra vez en su mente, cuanto más los ahuyentaba con más ardor se encendían. Así que optó por aceptarte como maestro. Nunca te arrepentirás de pintar al aire libre, le aconsejas, pintaba él en su jardín, al oír tu voz, se volvió sorprendido, continúa, le indicaste, la naturaleza es tu mejor maestra. Fuisteis a ver la puesta de sol. Dios nos bendice, Anton, susurraste con los ojos momentáneamente cerrados. Este atardecer no lo olvidarás, ojalá tuviéramos nuestra paleta preparada.

Con todo el desgarro escribes a tu hermano, es mejor que os separéis para evitar más tensiones. No puedes vivir a su sombra, juzgado en cada acto y movimiento. Tu dolor te ha obligado a tirar muchas otras cartas, demasiado tristes, demasiado serias, hasta que has hallado un tono neutral, escrito como una decisión firme, innecesario postergarlo más. Sois hermanos, no forzaréis ser amigos. En el terreno económico mantendréis vuestros acuerdos como hasta ahora.

Pintas con la presencia ilusoria de un sol que no llega, resquebrajada la piel, tus manos parecen torpes por el viento helado. El engañoso marzo mueve tus tablas, te puede el frío. Quizás llegue el alba cargada de esperanzas. Vivir hoy es tu reto. En la noche se confunden temores, acecha la incertidumbre y ya no eres tú sino todos los seres que habitan en ti despojándote de tu cordura. La luz nueva es también promesa de un viraje. Podría escribirte Théo, informarte de que ha vendido tus cuadros, de que se desdice de las palabras que te lastimaron, podrías alquilar una casa en un clima más agradable, en el sur de Francia, tal vez. Allí acudirían tus amigos pintores, brindaríais con Borgoña en los atardeceres rojos ante los campos de heno, discutiendo de arte, de cómo todos han olvidado que copian, incluso a sí mismos, de la vida tan efímera como el sol que contempláis ponerse y de las penas, tan perdurables. Es tan relativo el dolor y tan vibrantes los placeres que piensas: podría ser hoy. Saborearías tu triunfo ante tu padre.

Nuenen, primavera de 1885

Tu padre ha muerto. Tan inesperado como cierto. Un ataque de apoplejía. Empieza tu ruptura. Distanciado de tu madre y hermanos, no has encontrado motivo alguno para seguir escuchando el testamento. Con brusquedad te retiras de la sala.

Tu madre está bien, lo echa de menos pero anda entretenida con las cartas que debe enviar. Decides trasladarte a vivir al estudio. La situación es tirante. Anna te lo echa en cara. No le guardas rencor pero no puedes detener tu trayectoria por la incomprensión de tu familia, menos aún ahora que has asimilado una rutina de trabajo. Les vendrá bien que les dejes libre la habitación que ocupas. Recibirán invitados y, en un futuro, alguien deberá cuidar de tu madre día y noche, si Wil no está. Reflexionas sobre Théo, los gastos del entierro lo han debido agobiar económicamente, pese a que él no ha hecho mención, lo notas preocupado. Has pensando en aceptar parte de tu herencia y aliviar así los sobres extras que está enviándote, especialmente a fin de mes cuando, ya es una costumbre, te quedas sin un florín. El resto lo cederías a tus hermanos pequeños. Ilustras esta carta con los *Comedores de patatas* en los que estás trabajando actualmente. Dibujas en la penumbra de la noche, sentado en el borde de la ventana, desde una esquina del salón que ocupan los agricultores. Te permiten que estés allí, tras su jornada de trabajo. Sueles darles unas monedas pero este mes ya no te quedan.

No has llorado aún. Aumenta tu culpa. El entierro fue de dolor contenido, andabais más preocupados por vuestra madre, desolada, aturdida, aún sin creerlo. Los lugareños esperaban un comportamiento ejemplar de la familia del predicador. Y así fue. La fortaleza de la fe, la esperanza en un reencuentro próximo en la otra vida. En realidad, no tuviste que esforzarte, tu entereza no fue fingida. Estabas fuera, como espectador, te sentiste más extraño y alejado de los tuyos pues no compartías ese desgarro. Ni te concediste reconocer que tu sentimiento era de alivio, ya no tendrías que enfrentarte a su mirada de decepción profunda. Muerto tu padre, ya nadie esperaba nada de ti. Eso te convertía en un hombre libre.

Te disculpas en un telegrama a tu amigo Kerssemakers. No podrás ir el sábado como prometiste. Debes dedicarlo a los plantadores de patatas, aprovechando el trabajo en el campo. Si no le importa, irás el lunes a Eindhoven. A Van Rappard, no le perdonas las críticas a tus *Comedores de patatas*, *el arte es demasiado sublime para que lo trates con tanto descuido*, te ha escrito. Se ha convertido en un pedante que frecuenta la Academia, no sientes perder su amistad, tan quebrada está tu fe en él. Pero escribes demasiadas cartas para la ruptura, tanto temes perderlo. Le echas en cara que no se dignara interesarse por tu familia en su dolor. No sabía nada, no se lo avisaron. Rappard se entristece. Y tú le devuelves su carta.

Más de cuarenta cabezas pintadas durante el invierno. Ahora los rostros tienen nombre y algo que decir desde el otro lado de la pobreza. Te miran, nos miran. Hablan sus manos, la sombra de sus ojos, la curva de sus hombros. Gordina de Groot posa de pie en el pasillo, posa sentada con cofia blanca y posará sentada repartiendo las patatas en la mesa. Tu nuevo manifiesto, Vincent. Un romántico social. Vuelves los ojos a tu pasado holandés. A Vermeer. Tu campesina tan enigmática como su vendedora de perlas. Tu fe en el progreso extrema tus fuerzas. Como Zola, escribir es un deber.

Desde el silencio ahondas en tu presente, la vida no es un camino previamente trazado. Está en ti, decides cambiar de sendero, antes de que Nuenen se canse de ti. Ahora que no está tu padre podría ser más fácil, en cambio solo sientes distancia y un amor lejano, no renovado, hacia tu familia. Aumenta tu soledad. No quieres ceder al desánimo y al hastío, ya estuviste allí. La empedrada para salir te desgarró el alma, antes de caer buscarás nuevos amigos, nuevos paisajes, otros maestros. Algo de ti busca a Dios y, sin embargo, cuánto te resistes. Llora tu silencio sin lágrimas. Requieres valor.

El tiempo acecha. Los comedores de patatas siguen en tu estudio, retocados cada noche, esperas que sea comprendido este lienzo. Has trabajado mucho previamente en las cabezas y bocetos. Así lo escribes a Théo. Un reconocimiento como incentivo esperas. Anclado en tus miedos, dependiente a ratos del afecto de los demás, no hay celda mayor que la que te creas tú mismo, prosigues. De rojo ardiente pintas un nuevo lienzo. Se te llenan los ojos de la tarde.

30 de abril. Tu hermano cumple 28 años. Te disculpas, pensabas enviarle tus *Comedores* pero aún no está seco. Le sugieres que se lo muestre a Duran Ruel, ¿habría posibilidad de exponerlo en el Salón? Estás convencido de que es bueno, lucirá sobre un fondo blanco o amarillo maíz, es muy oscuro, iluminado por un quinqué situado sobre los comensales se arrojan las sombras. Un marco dorado sería otra opción. Se lo has llevado a Anton Kerssemakers, él lo cuidará. Te faltan ciertos retoques, los más difíciles, el óleo seco podría quebrarse, los matices se complican. Lo barnizarás con clara de huevo y, en cuanto esté seco, se lo enviarás a Théo. Estás realmente satisfecho. Has visto cómo vas exprimiendo los colores. Te empapas de la teoría de Delacroix. Romper colores con sus complementarios para obtener una gama amplia, siempre midiendo las cantidades para no derivar en el frustrante gris. Estás interesado en la

escuela de los impresionistas de la que tanto se habla pero apenas sabes nada de ellos.

Tienes el cuadro embalado en una caja para enviárselo a Théo a la Rue de Laval en París, irá vía Amberes, quizás tenga que abonar algo al recibirlo. No hay vía directa desde Nuenen.

Théo te ha escrito. Ni un solo cuadro se ha vendido, respondiendo a tu pregunta. La serenidad de los que te rodean te deprime aún más. La satisfacción de proyectos cumplidos que no rozas, mientras más crees acercarte, más se alejan. Estabas en el camino, pensaste, otros lo alcanzan, esquivo te es el destino. Ya no rezas.

Es tu primera obra maestra, *Los comedores de patatas*. Los años lo confirmarán. Realizas dos óleos y una litografía entre abril y comienzos de mayo. Un óleo en tela sobre panel, con gamas de verdes azulados sin firmar; óleo en tela, el otro, recreándote en los ocres. Pese a que siempre tienes la sensación de que no está terminado, este sí lo firmas como Vincent, tu apellido es impronunciable fuera de Holanda. Podrías pintarlo otra vez con los ojos cerrados en menor tamaño, si así fuera vendible. Ambos se exhiben hoy en tu país natal. No siempre estuvo allí. En Junio de 1896 se mostrará en la galería Vollard entre otras de tus obras. Pero ya no estarás.

A primeros de mayo te mudas al estudio. La convivencia se sobrelleva y has mejorado tus relaciones con tu madre y tus hermanas pero, consciente de que te debes a tu trabajo, no quieres seguir dando explicaciones. Entrada la noche, abres el portón y tus bocetos, a veces húmedos los lienzos, los expones en la antesala si no has podido dejarlos en el estudio. Tu hermana no comenta, seria los mira y continúa hacia la cocina. Sabes que les incomodan tus aparejos. No quieres malgastar tiempo y energías con explicaciones y justificaciones. Eres pintor. Con esa afirmación sellas bocas. Te marchas, sin discusiones. Es tu tiempo.

Los documentos de la herencia llegaron hoy. No estás de acuerdo con ellas, se lo explicas a Théo. Todo quedará a nombre de tu madre. Ya expusiste tu punto de vista y lo mantienes hoy. Quieren colocar a una interna en casa. Eso incomodará aún más tus visitas. El carácter difícil de tus hermanas no mejorará con el tiempo, aquella Will entregada y altruista lo fue durante la convalecencia de tu madre.

Sigues leyendo *Germinal,* cincuentas páginas seguidas sin parar, se lo pediste a Théo, cuando concluyese su lectura. Incluso has dejado apartado unos estudios de cabezas. No pretendes ser un gran fisonomista pero sí reflejar el hálito de los que trabajan la tierra. Cuando ganes algunas monedas, viajarás a los pueblos mineros para dibujarlos.

Junio. Regresarás al Louvre. La naturaleza y los cuadros de los genios son tus maestros: Corot, Millet, Delacroix. Más adelante. Ahora es el color lo que ocupa tu mente. Contrastarlos sin apagarlos, extraer todos los efectos sin perderte.

Hace un mes que murió. Inaprensible como el arte y el color, así concibes a Dios. Has vuelto a Él, tímidamente, sin pasiones ni fulgores con cierto arrepentimiento por haberlo olvidado. A ráfagas lo has visto, insinuándote, estás donde Él quiere que estés. Si no hubieras regresado a casa desde Drente, te hubieras perdido el último año de de tu padre. No ha sido fácil pero te quedaste y te ha permitido comprender vuestra relación. Es más sencillo continuar tu camino en paz. Si la vida es un lento fluir, aún quedan escollos por salvar. Le pides aunque sean 10 francos a tu hermano. No tienes nada para acabar el mes.

6 de julio. La carta de Théo te ayudó a comer los últimos días. Wenkebach, pintor de paisajes, te visita. Vive en Utrecht, es amigo de Rappard. Le has mencionado tus diferencias con él. Valoras la fidelidad de tus amigos, estás dolido, los chismorreos sobre tu pintura con gente de La Haya os ha distanciado. Aceptas ciertas críticas, recomendaciones sobre tu técnica, pese a que no conoces a crítico más estricto con tu arte que tú mismo. También opinas sobre los dibujos que él te envía pero, en las actuales

circunstancias, debe disculparse sin ambigüedades, si es que valora en algo vuestra amistad.

¿Es la locura una enfermedad? Te preguntas, y ¿no lo es la cordura? si el tedio persistiese, dejarías de crear. Llevarías una vida aceptada por los demás, cierto, pero silenciada tu fecundidad, acabaría por provocarte un estertor terrorífico y abisal hasta el desfallecimiento. Hay algo que no enseñan las academias, que aprendes pintando al aire libre, a los campesinos en su tierra, más allá de los brezales, a dos horas a pie de tu estudio, ahora que es la recogida del cereal. Algo que ya ha captado Wenkebach, que te muestra el paisaje y la propia tierra, erizada con el viento, iluminada por el sol, que no está en la paleta hasta que te lo pide el lienzo.

Te quedan 5 florines. Serret le comentó algunos errores en las proporciones y en la fisonomía a Théo acerca de *Los comedores de patatas*. No es precisión lo que buscabas sino el rostro cansado de los campesinos alrededor de la mesa bajo la luz cenicienta. Las proporciones deformadas como sus espíritus de avatares y pobreza. La carne macilenta, prematuramente envejecida, de las mujeres. De todos modos, no puedes cesar en los dibujos de cabezas. Nadie posa para ti, a menos que pagues.

Agosto, tiempo de cosecha. Ha venido Théo con Bonger. Les propones veros antes de cenar, entre las tres y las cinco de la tarde. El resto del día andarás muy ocupado pintando al aire libre. Millet debió contemplarlos como tú ahora, encorvados, organizados en un trabajo constante y duro. Limitado a unos días, no puedes desaprovechar tus modelos al aire libre. A la noche, irás a casa de tu madre.

Déjame, tierra, pintarte, que tu luz sea mi luz, que el olor del heno temprano llegue a mí cuando esté lejos. Que la noche no borre los colores de mi memoria, que mis ojos sean fieles ahora y siempre.

Estás informándote de alojamientos en Amberes, en breve esperas encontrar algo. Escribes a Théo. Necesitas dinero para un envío de cuadros a La Haya. El señor Furnée ha aceptado. Le propones saldar tu deuda, 40 florines, enviándole algunas obras tuyas que podría mostrar a marchantes de cuadros de allí. Recuperaría así su dinero, no tienes otras opciones. Te queda algo para pan. Sí, podrías vender tus muebles, dos sillas y una tabla, pero no más de 15 florines te darían. Réstalo de mi asignación del próximo mes, escribes a tu hermano. Dejando a un lado los tratos mercantiles, estás desolado. Tu hermano siente tu ingratitud como respuesta a lo que hace por ti, no sabes cuándo le lastimaste tanto pero en sus cartas no hay la comprensión de antaño. Ira y tristeza por igual. La incomunicación te aprieta la garganta, desearías arrojar todo cuanto te rodea al suelo, llorar después sobre los restos hasta la extenuación y liberar tu estómago convulso y maltrecho. Sin embargo, coges el pincel y pintas.

Déficit es la palabra que resume tu carta a Théo. Las cuentas no salen, ni siquiera privándote de comer. Debes unos 250 francos. De aquí a navidades recibirás de tu hermano 600 francos, divididos en los 150 mensuales tal como tenéis acordado. Te cuesta llegar a fin de mes y son tus privaciones las que te permiten comprar más pinturas, ahora que las horas son fructíferas, los tubos se consumen rápidamente.

Si siguen los rumores tendrás que marcharte. El párroco católico está persuadiendo a los campesinos de que no posen para ti, hasta el punto de ofrecerles dinero. Hasta ahora han rehusado su oferta argumentando que lo prefieren de ti. El origen está en la joven campesina que ha quedado embarazada, a quien has pintado en varias ocasiones. No tienes nada que ver en eso, te defiendes, pero eres consciente de que fácilmente podría hacerles creer lo contrario, si se lo propone. La chica pertenece a la comunidad católica, mayoritaria en Nuenen, y tú eres el extraño hijo del cura protestante. Poco o nada valen tus palabras contra las de un predicador, pese a que no goza de afecto entre los trabajadores de la zona.

Octubre. Anton Kerssemakers se ha convertido en gran amigo y compañero de viaje. Juntos habéis visitado pinacotecas en Amberes, en Rotterdam, en Amsterdam. Allí estuvisteis de martes a jueves. Necesitas aprender de los grandes maestros, ver sus obras y analizarlas. Te fuiste la noche antes, Anton no podía por cuestiones familiares. Quedasteis en la Estación Central, en la sala de espera de tercera clase. Allí aguardabas ajeno al ruido, a los viajeros, al llanto de los niños, al ajetreo de las maletas, a las idas y venidas, pintando panorámicas de la ciudad en una tablita con trazos decididos. En menos de una hora obtienes un dibujo. Probarás esta nueva forma impulsiva, sin análisis. Mañana realizarás otro ante el Museo Nacional, antes de que abra sus puertas a las diez. Anton te ve sentado con tu aspecto descuidado: el guardapolvo gastado, la perilla roja, los pantalones azules descoloridos sobre los que apoyas la tabla. Tranquilamente guardas tus pinturas en una pequeña lata cuando ves venir a tu amigo. Entusiasmado le escribes a tu hermano, los rojos matizados de *La novia judía* de Rembrandt te fascinan. Te estaré esperando aquí para cuando vuelvas, despediste a Anton. Y continuaste contemplándolo mientras él visitaba el resto del museo. Diez años de tu vida darías por pintar así, tus maestros rozaron a los dioses, aún estás muy lejos. Podrías empaquetar tus obras, lanzarlas al canal y pasar de puntillas sobre el arte, si no estuvieras convencido de que progresas, de que tu análisis del color logrará sus frutos. La satisfacción ha sido tan plena que olvidaste por unos días tus penurias, mereció el esfuerzo económico, traes el corazón despejado de miedos y la garganta libre de angustias. Las luces pueden invadirlo todo hasta el desaliento oculto en tu bolsillo. Cuando presencias a Vermeer, a Frans Hals, a Rembrandt, tus días adquieren un sentido, sabes por qué estás allí y adónde vas. Te acercas al cuadro, casi puedes tocarlo, colocas las manos a la espalda para relajar la actitud tensionada del vigilante. Las pinceladas son sutiles, los colores velados se funden tan sencillos como si no hubiese otro modo. Respiras y esbozas una discreta sonrisa. Sabrías lograr este efecto, no en su conjunto pero sí en una zona, un fondo, un atisbo de ingenio. ¡Ah, Vincent!, ¡Cómo alertan tus sentidos estos trazos seculares, esperándote para ser contemplados como si fuese ayer cuando los pintaron!

Huyendo del gris, sigues experimentando. El rosa rompe la harmonía del verde y el rojo, Israëls dijo que nunca debía usarse el negro. Tienes tus dudas. Velázquez o Rembrandt lo usaban, no un solo negro sino veintisiete. Desde la extrema luz a la extrema oscuridad puedes mezclar rojo, azul y amarillo. Un negro azulado o un rojo ennegrecido. Si Théo encuentra manuales acerca del color, que te lo envíe, le ruegas. Escasos grises otorga la naturaleza, la imitas, indagas sus colores y las pinceladas en la paleta para obtenerlos. En un año estarán más oscuros tus dibujos, escribes a Théo, le sugieres que coloque en la misma pared los que les envías para que observe los contrastes, aislados perderían intensidad, juntos aumenta la vibración del color. Le pides que te envíe algo, sin un céntimo y a comienzos de noviembre debes pagar 25 florines de alquiler. Se han combado los paneles que pintaste en Amsterdam. La lluvia los humedeció y el polvo está adherido, de todos modos se los enviarás.

Te preocupa mamá, le confiesas a Théo, le rondan los miedos a la enfermedad prolongada, a una vejez decadente y silenciosa hasta la soledad, hasta la muerte sin avisar, como la de tu padre. Crees que debería viajar a Amsterdam a ver a Anna, o a ver a Corot, quizás. Will te confirma el empeoramiento de vuestra madre. Por otro lado, te convences, el doctor Van der Loo os hubiera avisado de haber detectado algo. Tu hermano te responde, mejor hablarlo directamente con el doctor. Ella está más reservada, desconocéis sus pensamientos, sus sentimientos y si hubiera pérdida de lucidez en algún momento. Os hablan sus dolencias: su espíritu no está bien; su cuerpo sufre y teme. Requiere más atención. El invierno es duro en Nuenen. Frío y triste. La lluvia, como un llanto continuo y nostálgico, aleja el entusiasmo. Fuera es de noche casi todo el día.

Las habladurías no tendrán fin viviendo junto al párroco y al sacristán. Un par de meses en Amberes, diciembre y enero, quizás acallarían las lenguas maldicientes. En Amsterdam pagabas 50 céntimos por una habitación de hostal, algo así podrías pagar. Por si te arrastra la nostalgia, querrías mantener aquí alguna habitación. Has encontrado seis direcciones de marchantes de cuadros. Indagarás. Pides a Théo opinión sobre tu posible traslado, sabe que llevas tiempo con esa idea rondando hasta que se hace tan presente que debes tomar una decisión. No has resuelto cómo pintarías figuras humanas. En Amberes no te admitirán en la academia ni podrás pintar a profesionales por falta de recursos económicos. Quizás si compartes estudio con un escultor es más fácil, te planteas impartir clases particulares allí.

Van der Loo os informa sin visos de duda: vuestra madre está perfectamente sana, no le ocurre nada. De hecho te sobrevivirá 17 años, lo suficiente para oír el nombre de su hijo como pintor mundialmente reconocido.

Has ido a Eindhoven. Te has despedido de Anton con un lienzo, *Paisaje de otoño con cuatro árboles.* Él te entrega uno suyo. No lo has firmado, repara él. Volveré, Anton, le has respondido, reconocerán mi trabajo más tarde o más temprano, escribe sobre mí cuando muera.

CAPÍTULO 4

Amberes, invierno de 1885

Noviembre, día 23. Comienza tu viaje hacia el sur, Nuenen no tiene más que ofrecerte. Reconoces que necesitabas la protección del pastor Teodoro Van Gogh, ahora tu reputación es ya irreparable.

Será un buen invierno, piensas. Atrás dejaste la relación con tu padre como una *Naturaleza muerta con Biblia*. *"Poned toda el alma en amar al Señor"*. Josué, 23, 11. Tras la Biblia encuadernada en cuero, abierta en el *Libro de Josué*, has apagado la vela. Pintas la muerte frente a la vida. Ese librito amarillo desmembrado que colocas al borde de la mesa, *La alegría de vivir*, de Zola, que eres tú. Empiezas otra vida. Tu padre se lo confesó a Théo la víspera de su muerte. A sus 63 años había renunciado con dolor. Vincent, su primogénito, no llegaría a nada. Sufrir permite tomar conciencia de la propia vida.

Te reencuentras en la ciudad, *como una vuelta desde el destierro*. Abandonas la vida rústica que elegiste como Millet. Has pensado alquilar un cuarto en Nuenen por si te invade *la nostalgia de la campiña*. Ahora vives encima de una tienda de pinturas, en el número 194 de la Rue des Images, en Beeldekensstraat, una habitación por 25 francos al mes, decorada con las estampas japonesas que compraste en el barrio del puerto. Por unos cuantos francos más tienes una estufa y una lámpara.

Vuelves al mundo de la pintura en sociedad. Deambulas por los museos, observas a Rubens, Ingres, Van Eyck. Progresas en el retrato, te entusiasma. Manet, Coubert y Rembrandt, el mago de los magos, te enseñan el cobalto, el carmín y el cadmio para atrapar el alma humana. La fotografía no puede hacerlo.

Diciembre. Has recibido el envío de colores de Eindhoven, 50 francos por todo. Lo que te gastarías en comer, beber y algún extra. Charlas con Tyck, el mejor elaborador de colores de toda la ciudad. Estás muy interesado en la técnica y en la combinación del color. Rubens cada vez te impresiona más, lo contemplas en el museo con frecuencia. Su Santa Teresa te sobrecoge. Pintas los muelles de Amberes, su catedral, el castillo, el mercado y los patios traseros en nieve, un cielo cenizo sobre el fulgor blanco.

Quiero ser yo mismo. 18 de enero de 1886. Karel Verlat, tras ver tus cuadros, te acepta como alumno en la Escuela de Bellas Artes. No le convencieron tus paisajes pero sí los dos retratos que llevabas. El duro invierno de Holanda acrecienta tu aspecto extravagante: un gorro de piel encasquetado, tu abrigo desaliñado, la blusa azul como las que usan los comerciantes de ganado. Con paso decidido entras en la Academia. Han dejado de pintar y te han rodeado en círculo a empellones por ver al tipo nuevo que ha desenrollado en el suelo sus trabajos. Como un mercader de alfombras que muestra la mercancía, así extendías tus lienzos. No muestras interés por la expectación que has creado, por otro lado, ya estás acostumbrado. Con la misma decisión vuelves a guardar las telas. Silencioso y concentrado comienzas a dibujar a los dos modelos que posaban, dos luchadores desnudos hasta la cintura (el pudor no permitía más en las clases diurnas). Con rapidez, sin titubeos, pintas, la paleta es una tabla de una vieja caja de azúcar, el color es tan espeso que el lienzo gotea, salpicando tus botas, primero; el suelo, después. El director pasmado te pregunta quién eres "soy Vincent, un holandés". A continuación, los ojos de los 60 alumnos se debieron posar sobre ti en el mismo instante en que, ruborizado de vergüenza, te viste obligado a recoger tus instrumentos y a marcharte a las clases de dibujo hasta que aprendieras lo más elemental. Tal aberración, como la tildó Verlat, no permanecería en la sala ante su vista. Habría una docena de extranjeros, alemanes e ingleses. Entre ellos buscarás a tus amigos.

En las clases nocturnas del señor Siberdt dibujas incesantemente. Tu llegada no es mucho más triunfal pero sí más discreta. Eugène Siberdt no elogia tus habilidades pero, al menos, controla mejor su ira que el señor director. A veces olvidas el enyesado, vuestro modelo cotidiano, y dibujas todo lo que se pone a tu alcance como si con un catalejos estuvieras divisando tu entorno: cabezas, narices, orejas, ropas colocadas sobre las sillas de la sala, jarrones olvidados... con rapidez como si el tiempo corriera en tu contra, sin corregir y sin disciplina.

Hasta hoy, Siberdt se ha contenido pero te has atrevido a desafiar la religión de los académicos: las proporciones clásicas. Tu Venus de Milo parece una matrona flamenca, robusta, de anchas caderas. Aceptas la reprimenda algo azorado mientras con su lápiz corrige las líneas de tu dibujo y las cabezas de tus compañeros asoman sobre sus cuadernos y lienzos para ver quién recibe tantos dardos del profesor. Callas y guardas para la última clase a la que asististe, poco antes de marcharte a París. Saliste aliviado, respondiste al maestro frente a su ideal inflexible de belleza femenina: una mujer tiene que tener sus curvas para albergar una criatura en su vientre. Levens, que está sentado a tu lado, te muestra, más admiración que censura. Al fin y al cabo, eres un rebelde, un artista que se atreve a mostrar tal seguridad que tambalea el orden establecido de la Academia. Has despertado su amistad. El joven inglés, se convertirá en uno de tus amigos más cercanos durante tu estancia en Amberes, lo echarás de menos los primeros meses en París, dentro de un año y medio. Tu amigo dejará tu retrato de este periodo: tu perfil derecho durante las clases, con tu pipa, casi inseparable, las formas angulosas, la barba sombreada, el gesto como espejo de tu genio recio.

Anna te lo dio a entender. Vuestra madre necesitaba reposo, tranquilidad y constante afecto. Lo mejor era que te marcharas. Te cuesta olvidarlo. No les escribes, pese a que sabes que tu madre está mayor. Ella insiste en saber tu dirección para escribirte. A través de Théo sabe de ti. Este nuevo alejamiento de tu familia te pasará factura, Vincent. Para bien y para mal, venimos de donde venimos. No lo has elegido. Como un gen, heredado sin consultarnos, estamos marcados. De ti depende reconducirte pero no te niegues a ti mismo o aumentarán tus sombras.

Calavera con cigarro encendido. En la Academia los compañeros ríen, has escogido a tu modelo en la clase de anatomía, te palpas los bolsillos. Decidido a desafiar tu muerte, cuando la salud está tan mermada, colocas un cigarrillo encendido en la mandíbula apretada de una calavera, los dolores estomacales, los dientes purulentos no podrán contigo.

Algo parecido a la felicidad podría ser esto, Vincent. El silencio, el trabajo, un trago con algunos conocidos de la

Academia. Y tu pintura. No ansías más ni esperas más, ¿amor? Te engañas, en el fondo ansías la brisa como la única caricia que recibes, se ha hecho el vacío en torno a tu cuerpo, infranqueable ese espacio, te revuelves como animal herido, extrañas el calor del abrazo, sabes que entregarías todo tu ser a la mujer que te amara, sin embargo, te resistes a aceptar esa debilidad. Sí, te engañas, Vincent creyendo que el arte te salvará.

Echas de menos a tu hermano, os seguís escribiendo, pero no con la complicidad de antaño. Considera tu carácter "imposible" pero intentas que comprenda tu posición. Estás a final de mes y solicitas un adelanto de 50 francos.

Te has apuntado a un par de clubs nocturnos de dibujo, tan comunes en Amberes. Por la noche pintáis, a veces hasta medianoche, así tenéis libertad para escoger modelos. En la Academia no se permiten desnudos completos en las clases diurnas; sí, en las nocturnas. Masculinos todos, los femeninos atentan contra la decencia. No obstante, los desafiaste pintando un torso de mujer. Al final de la semana hacéis balance y cada uno aportáis, según hayáis gastado, sin privaros de vuestro ritual diario: al final de la jornada os bebéis una pinta. La mayoría de las veces es lo único que cenas.

Estás aprovechando tu estancia en la ciudad, quieres profundizar en el desnudo hasta que consigas pintar de memoria. Necesitas el trabajo con modelos, en el estudio de Verlat o en cualquier otro, confías en que te permitan trabajar más horas en la Academia, no puedes pagarte las modelos.

Viste a Rubens, su Magdalena y su Madre Dolorosa evocan para ti a las prostitutas enfermas, un vívido recuerdo no confeso de Sien. Demasiada miseria para sus rostros, el maestro no captó el desgarro, la transfiguración espiritual, y plasmó una pena honda sin atisbos de redención.

Sigues argumentando a Théo, debe liberarte para que prosigas tu camino. Para mejorar tu situación o aumentas tus ingresos por medios propios o tus contactos en el mundo del arte. Lo último es infructuoso lejos de la ciudad, sea Amberes o sea París, ciudad que comienza a deambular por tus cartas como alternativa. Mejor aún, ambas opciones: amigos y vender cuadros. Los diez últimos años de tu vida han sido realmente duros, procuras resucitar vuestra empatía, su transcurrir es más fácil que el tuyo. Temes enfermar, estás adelgazando y tus ropas empiezan a parecer prestadas. Comes poco, no te llegan las monedas. Vas haciendo amigos, pero te cuesta relacionarte, demasiadas expectativas en los nuevos círculos y temes que vuelvan a lastimarte. Pasas frío, con 50 francos podrías comprarte unos pantalones y un abrigo el mes que viene, llevas dos años con la misma ropa.

Comienzas la mañana en las clases diurnas de Piet Van Havermaet con los dibujos de la vida y objetos antiguos. Las clases de pintura son mejores durante el día. El lunes próximo llegan otros modelos. Tienes que comprar brochas nuevas, te dice tu profesor, los apuras porque no te llega el dinero, aquí todo es más caro. Por las noches pintas en la Academia de diez y media a once y media; después marchas al club. En las clases vas observando a tus compañeros, la mayoría son muy jóvenes, sólo habrá cinco mayores que tú. Ahora trabajas la cabeza de un niño. Crees que algunos tiran por caminos erróneos, empiezan ciertos conflictos con tus comentarios que se irán haciendo más tirantes. No admites críticas de buen grado, te causan malestar y te arrastran con facilidad a tu misantropía. Te repones. De momento quieres seguir perteneciendo a un grupo. El sobre de tu hermano te libra de la indigencia inminente. Verlat y Vinck, tu otro profesor de dibujo, son exigentes contigo, un año al menos de trabajo necesitarías, aunque vas progresando. Tienen razón, en ambas cosas.

Sigue rondándote la idea de París. Prefieres tener un plan para no estancarte y tu estancia aquí se ve muy condicionada por los exiguos ingresos. El curso de pintura concluye el 31 de marzo, mudarte con tu hermano os ahorraría gastos a ambos. Algunos de tus compañeros pintores, Gérôme o Cabanel, vienen de allí, coinciden en que es una ciudad para el arte, pese a que es cara, y no es mucho mejor que esta. Aún así, piensas que las opciones serían mayores para que se vendieran tus cuadros y no tendrías que dejar de asistir a clases. Te han hablado del taller de Cormon.

Te adaptarías en una pequeña habitación barata en algún lugar de Montmartre hasta que encontrarais algo más amplio para los dos.

Febrero. Se organiza un concurso entre los que han asistido al curso completo de pintura. Acabáis la próxima semana pero tú no puedes presentarte, llevas solo unos meses. Siberdt es bastante exigente así que sus elogios significan mucho, te consiente libertad para los fondos, los demás están sometidos al blanco como única opción. Verlat es demasiado orgulloso para decírtelo pero le habla de tus progresos y el potencial que ve en ti. Con Siberdt conversas sobre tus planes. Te recomienda que permanezcas aquí otro año más, ellos han formado a algunos de los grandes, no por aprender con Cormon serás mejor, depende de tu esfuerzo y trabajo, tal como haces ahora. Tu hermano se ha informado en el taller del maestro: cuatro horas por la mañana a diario. Se lo agradeces, sabes que no te apoya en otra mudanza, necesita más tiempo. Podrías seguir pintando por las tardes en el Louvre o en la Escuela de Bellas Artes.

Te estás arreglando los dientes, te faltan diez, aparentas más de cuarenta años. Pagaste la mitad por adelantado: 50 francos. Ahora necesitas el aspecto urbano para el mundo de los pintores, repudias al Vincent desaliñado, el que te hacía más solidario en Nuenen, pero sigues fumando *para no sentir el estómago tan vacío*. Cada vez estás más cansado. Duermes poco. Pintas casi todo el día. Apenas comes. Te comparas con los otros chicos, algo hay en ti tan singular que te distancia de ellos. Lo achacas a la vida solitaria que has arrastrado, al ritmo de la ciudad, a los nudos sociales de los que huiste en el campo de tu tierra natal. Se resiente tu salud. Expectoras y toses cada vez con más frecuencia. El médico te recomienda cuidarte el estómago, tu alimentación es deficitaria y dependiente de lo que quede en tu bolsillo tras pagar alquiler y pinturas.

Mamá se muda a Breda, necesitará ayuda para el empaquetado y traslado. Théo te sugiere que te desplaces a Nuenen, le aclaras que supondría más gastos para él. No habéis concretado aún tu marcha a París, habría que añadir entonces el coste de tus enseres para enviarlos al nuevo domicilio. Deberíais solucionar vuestras diferencias en beneficio de una posterior convivencia.

Persiste la fiebre. Evitas preocuparte. Remitirá, sólo espera. Fiebre tifoidea, te apunta el doctor. Es fundamental una buena alimentación. Olvida el tabaco, el alcohol y el café, baratijas que te entretienen el estómago y lo perforan. No engañes el apetito. Te costará la salud. Sin ella no logras trabajar a pleno rendimiento. Rijke, el jardinero, podría colaborar en el embalaje, seguro que otra mano será tanto o más útil a tu madre y a tu hermana, no sólo tu estado de salud sería un escollo sino, vuelves a insistir a Théo, un gasto del dinero que no tienes. A pesar de todo, si él lo considera imprescindible, estarás listo en marzo.

Masticas mejor los alimentos. Incluso cuentas las veces antes de deglutir, con tus dientes deficitarios se te hacía harto difícil. Te quedan 50 francos aún que pagar al dentista.

Théo no se opone a tu marcha a París aunque, para ser justos, tampoco te ha incitado. Por tu parte consideras que es la vía para romper el círculo en el que te has metido e irremediablemente te llevaría a cometer viejos errores. Irías al Louvre, a pintar al aire libre, en un ático podrías instalarte arriba para no ensuciar la estancia que habitarais. Aún te quedan muebles en Nuenen. Cabría la posibilidad de regresar allí un mes o dos para seguir pintando paisajes pero recuerdas las tensiones familiares y te ves sin fuerzas. Quizás hubierais sido más felices con otra educación, sin esta frustración que arrastras incluso tras la muerte de vuestro padre. Tu pasión te salva y a la vez te presiona. El arte se ha convertido en un dios omnipresente y esquivo que te pone a prueba constantemente.

El doctor te aconseja modificar tus hábitos de vida. Estar aislados, tú y Théo, quizás dificulte vuestra salud. Le planteas que, si estuvieseis saboreando los últimos años de vuestras vidas, no elegiríais la soledad como despedida. El afecto es una salvaguarda que no estáis aprovechando, en su lugar lleváis unos meses distanciados. Si miras atrás, contemplas tu trayectoria en los diez últimos años: un periplo por diferentes trabajos hasta llegar a un muro que te obliga a retroceder o a derribarlo. Corren tiempos difíciles. Esta sociedad perdió su rumbo y no lo ha vuelto a encontrar, habrá una revolución que la reconduzca pero que, con seguridad, no veréis. El hombre comete tantas veces los mismos errores que en una quimera cree que será la última vez. Voces se han levantado ya: la cultura para salvarnos de la mediocridad de existir sin más, todos los seres humanos somos creativos pero muchos aún no lo saben. El arte es un espejo donde mirarnos, aún un espejo deformado, te dices, pero lo pules a diario, henchido de esperanzas hasta que nos enseñe nuestro lado más hermoso y vital, el que nos ha permitido continuar después de tantos siglos.

Tardarás unos seis meses en recuperarte del todo. Tu salud lentamente va devolviéndote ánimos, marzo en Nuenen es hermoso y más llevadero que el invierno. Recoger tus cosas, ver a la familia, pintar al aire libre, pagar modelos. En junio o julio marcharías a París, escribes a tu hermano tus pensamientos, que van y vienen, cuajados de incertidumbres. Guarda silencio. Un año en Cormon sería un estímulo para mejorar tu técnica.

En la Academia sufres ciertas tensiones. Te ofenden los comentarios sobre tus dibujos, más aún cuando son en voz baja y sirven de burlas. Realmente no sabes la intención de tus compañeros pero te sientes susceptible e inseguro, Sibert te ha llamado la atención sobre tus trabajos. Los contornos deben ser claros y definidos desde el principio, los colores pueden aprenderse después. Educadamente le respondes, no quieres ser descortés. Ya en la calle has criticado las obras de tus compañeros, no prosperan y son de baja calidad. Has terminado tu dibujo para la competición de las clases de noche. El cuerpo femenino sigue siendo un reto para ti, el decoro os impide profundizar en la Academia, guardas solo cuatro dibujos de desnudos femeninos, uno a tiza; los otros, a lápiz. Mujeres de curvas, aún no perfilas las sutilezas de sus senos, la carnalidad de sus glúteos y las formas redondeadas de su vientre. Se mezclan en el pulso de la mano y en la pupila la musculatura viril. Mejorarás en París.

Quisiera escribirte, hermano, con un lenguaje fuera de los códigos…

Ni con vuestra lengua materna ni con el francés puedes expresar esa lucha tan infructuosa como absurda contra el tiempo en la que vives. Un reloj de arena que no cesa. Respiras el silencio de la tarde sombreada de malvas y rosas, los pájaros, ajenos al gentío, entonan el canto del crepúsculo. Te preguntas hacia dónde vas. Sin una respuesta firme, te encuentras enfermo de horizontes. Ser. Ser artista, ser hombre, ser humano. Te tomarían por idealista, por enajenado si gritaras en medio de todos que no puedes seguir siendo lo que exigen de ti. Somos seres sociales, te dices, pero la soledad perpetua te hace infeliz. El grupo sin más, también.

Das otra calada a tu cigarro y lo arrojas al suelo. Lo aplastas aburrido de ti mismo y miras al cielo.

Te decepcionas. Tu idea de arte como vida, como entusiasmo, rompiendo las líneas y los contornos resulta extraña y presuntuosa para los académicos. Debes continuar trabajando, lo sabes, pero la salud te está pasando factura, débil, febril, los sensibles sois más vulnerables. Dudas del camino que debes escoger. Amberes o París. En el extremo doblado de un recorte de papel apuntas: 25 francos por tu habitación en adelanto, 30 para comida, 50 al dentista. Descontando la visita al doctor y los materiales de pintura, quedan 6 francos para acabar el mes. Has venido a aprender y a formarte. Esperabas más. Vuestra convivencia próxima, la de Théo y tuya, sería un ensayo para la pareja estable que ansías. Una mujer, a pesar de todo, equilibra e higieniza. A ambos os valdría intentarlo.

Acaso habrá un paraíso en la tierra para los crédulos, un lugar donde vivir sea un sereno devenir del día tras la noche, donde el artista crezca como artista; el hombre, como ser compasivo y bueno. Donde las ramas de los árboles yermos se preparen para acoger al justo y se extiendan hasta la primavera como un techo protector. Donde la lluvia sea sólo lluvia; el tiempo, sólo tiempo. El dolor, un espejismo y la muerte, un vago rumor. Acaso, Vincent, sea tu anhelo el que lo ha creado. Tu estómago en una punzada te dice que sigas, no aquí, en otro espacio. Cerca de tu hermano.

Sugieres a Théo el día 1 de abril para encontrarte con él en París. Quedan diez días para acabar el mes; 1 franco con 50, en el bolsillo. Sigues enfermo. Respecto a tu ida a Brabante para la mudanza, a permanecer en Amberes o a marcharte, ya no hay nada que decidir. Agotadas las alternativas - el curso concluido, el dinero y la salud- no te queda más que instalarte con tu hermano, que continúa sin pronunciarse al respecto. Perjudicarás a tu hermano que se verá obligado a mudarse, los dos no cabéis en su apartamento pero a veces no queda más opción que actuar. Cuando acaben de arreglarte los dientes, ya no te queda más que hacer aquí, ahorrarías de este modo el alquiler del mes siguiente. A pesar de las desavenencias de la Academia, Siberdt no te adula directamente pero te llegan comentarios suyos, reconoce que has mejorado, que tienes buena idea de lo que estás haciendo y de que ha sido especialmente arisco y exigente contigo.

18 de febrero. Cierras *La dama de las camelias*. Leer ahuyenta tu preocupación básica: ni una moneda. Imploras a tu hermano algo, cinco francos aunque sea, enviados en una carta certificada, no te fías de la gente.

¡Salvado! Los 50 francos de Théo son el maná bíblico, se lo agradeces pero te apena su postura. Le pides que lo reconsidere, si no marchas a París ahora, perderás tu tiempo y tus energías aquí. En Cormon, mejorarás. Has cogido un buen ritmo de clases y trabajo diario pero se te acaban. Al aire libre, más barato, no puedes sustraerte ahora, comes menos cuando copias al natural y tu salud no está para vapuleos. Verlat con reparos te da su bendición para marcharte. Has retratado a tu camarada, un viejo francés, amigo al que has acompañado hoy al médico, el mismo que te atiende. Tendrán que operarlo, en ese caso, prolongarías tu estancia aquí quizás hasta mayo. Adquieren importancia las personas, sin rodearte de amigos y afecto no sobrevivirías. Lo has comprobado demasiadas veces.

Escribes a Théo una noche:

Reconozco que el hombre es el único capaz de aniquilarse a sí mismo; de brindar con la hiel del cuerpo amado, ignorante de que cava su perdición.

Reconozco que ser hombre es casi tan difícil como ser dios; que se puede crear de lo ya creado pero que el hálito no nos pertenece.

Reconozco que la luz sigue al oscuro, que entenderlo lleva una vida y que solo algunos encienden candiles para no perderse.

Reconozco que es propio el llanto, incluso por lo ajeno, y que nos devuelve a la tierra de la niñez.

Reconozco que heredamos el dolor, que se instala bajo la piel como risa que confunde y perfora los sueños.

Reconozco que la vida es la única verdad. Y ser, el único final.

Que la noche derrame el vino sobre tu mesa.

Antes de lo previsto, te marchas a París.

CAPÍTULO 5

París, primavera de 1886

1 de marzo. *Estaré en el Louvre a partir del mediodía. Responde, haz el favor, para saber a qué hora podrás venir a la Sala Carrée.* Aquí estás, esperando a Théo sin avisar. De tu lata has sacado un lápiz negro, has escrito la nota en francés y le has encargado a un mozo que se la entregue en el número 19 del Boulevard Montmartre, en la sucursal de Bousson & Valadon donde trabaja. Tras contemplar la Victoria de Samotracia, has estado observando algunos de los cuadros de tu maestro: Rembrandt. El pequeño lienzo *Filosofía y meditación* en la perspectiva imposible de la escalera de caracol ofrece dos puntos de luz, el joven aviva el fuego a tu derecha; el anciano, medita a la luz arrojadiza de la ventana. Comparas los claroscuros con tus comedores de patatas. Prefieres aventurarte en nuevos colores.

Théo, entre sorprendido y emocionado por verte, te abraza efusivamente. Salís y paseáis por las Tullerías de camino hacia el boulevard de Clichy. París te recibe con sus imponentes edificios, anchas avenidas y un pálpito a vida siempre sorprendente bajo las nubes, detenida la luz en su cielo blanco. Inhalas el aire fresco junto al lago de camino hacia la plaza de la Concorde. No cesas de sonreír, exultante, ¡hermano, ah, hermano! Nos aguardan grandes proyectos juntos. Théo apura su cigarrillo, despidiéndose de la tranquilidad de sus días, temeroso de la repentina situación con la que no contaba, al menos, de forma inminente.

En el concurso interno de la academia te han admitido en la clase para alumnos de13 a 15 años. Por fortuna ya no te interesa Amberes. Entras en el taller de Cormon. En su escuela privada de pintura conoces a Toulouse- Lautrec y a Émile Bernard quien se convertirá en el mejor de tus amigos artistas.

Él pintará tu entierro.

En el pequeño apartamento de la calle Laval, número 25, las discusiones arrecian, tu desorden enerva a tu hermano. Te defiendes, imposible pintar así, sin tu propio espacio. Los enfrentamientos son acalorados, temperamentales ambos, tú en estallidos de cólera; tu hermano, conteniéndose hasta que grita palabras de las que se arrepiente. No te sorprende, todas tus convivencias desde la adolescencia han sembrado la discordia alrededor, como mejor estás es solo. Das un portazo, recorres las calles sintiéndote de pronto vagabundo en la metrópolis, tras bandazos acabas llegando al café, donde te recoge Théo ahogado entre alcohol, disculpas y lágrimas, me iré, hermano, mañana me iré, repites incesante mientras te acomoda en tu jergón, me iré, a media voz bajo las sábanas, en los umbrales del sueño.

A través de Théo entras en las pinturas impresionistas. Te pone en contacto con Monet, Renoir, Degas, Siurat. Con Pisarro y su hijo Lucien pasas además largas horas de charla. Viniste a París buscando estos círculos, el arte en los cafés, en el trabajo, en el ocio como un motor oculto, continuo, sagrado que os mueve a todos.

Mamá y Wil se han marchado a Breda. Tus cuadros los compró un chamarilero. Setenta. Por algunos sacó unos centavos; el resto los quemó.

Desde la colina de Monmartre dibujas a carbonilla los techos de París y Notre Dame.

París, verano de 1886

Théo se acaba de mudar al número 54 en la Rue Lepic, en el mismo barrio en el que trabaja. Atraviesas el portón azul. Con cierta dificultad subes los peldaños hasta el tercer piso. Tus lienzos, pinturas y tu silla son tu más preciado bagaje. Ahora dispones de tu dormitorio y de la habitación contigua como estudio. Incluso contratáis a una asistenta, Lucie.

Bernard ha sido expulsado del taller por insolente y díscolo. Acostumbrado a la rebeldía de tu amigo contra todos los estilos, incluso los que profesa, no te sorprende. No puedes pagar modelos, te dedicas al color. Buscas armonizar los contrastes con jarrones de gladiolos y malvarrosas, claveles y peonias, jengibre y crisantemos. Paseas por los jardines de Luxemburgo. Te acomodas y te haces parte de ellos. Los viandantes apenas te dedican una mirada de soslayo. Las sombrillas rojas de las señoras quedan en los senderos blancos.

Pruebas pinceladas más sueltas. En *La celebración del 14 de julio* los colores de la bandera francesa se arrastran por la tela. *La libertad iluminando al mundo* se instala en el puerto de Nueva York. Un regalo francés. Como París para ti.

Anders Bonger escribe a sus padres sobre vosotros. Observa a Théo cada vez más debilitado. Su aspecto enfermizo le preocupa. No tienes habilidades sociales, Vincent, entras con facilidad en polémicas y discusiones. Tu hermano sufre, parte de su trabajo depende de los círculos en los que se mueve y de los potenciales compradores con los que entable relación. Tu carácter no lo ayuda. Anders se ha instalado contigo, ocupa la habitación de Théo mientras él pasa las vacaciones en Holanda. No se atreven a dejarte solo. Cuando regrese, seguirá cenando con vosotros, pese a que le suponga un largo trayecto de vuelta a casa, siempre tenéis temas interesantes que tratar. Théo ha visitado a los padres de Bonger en vuestro país. Allí está distanciándose de la historia con "S", quien se queda a veces en el apartamento incluso en su ausencia. Teme que se suicide si la deja pero lo que empezó siendo un hospedaje por lástima ha acabado siendo una relación de dependencia. Necesita coraje, mente clara y decisión. Tu amigo Anders sugiere que si ella se marcha con su propia familia durante un tiempo, dejará de aferrarse tanto a tu hermano. Tú le aconsejas que termine con ella sin más dilación.

Abres las ventanas blancas de rejilla. La lluvia de la noche anterior se ha estancado en las lozas. Te apoyas en el alféizar y divisas la esquina de tu calle que serpentea cuesta arriba hacia el molino de la Galette.

París, otoño de 1886

Ahora que el retrato se deja conquistar por nuevos colores rechazas aquella pastosidad terrosa de Nuenen. Te pintas en el reverso de *Naturaleza muerta con loza, jarra de cerveza y botellas,* dos años después. Óleos sobre lienzos. Frunces el ceño entre los naranjas de tu rostro.

Apenas escribes cartas. Solo siete en dos años.

París es París, le has escrito a tu amigo Horace Lievens, e*l aire francés aclara las ideas.* Te ha atrapado, Vincent, la ciudad te ha hecho suyo y te entregas a las charlas inagotables en los cafés, al paisaje urbano, a los marchantes de cuadros. Tu descontento con el mundo se ha retirado a alguna esquina de los boulevares y pintas incansablemente. Monmartre acapara tus lienzos al aire libre: el merendero, el molino, las vistas antes de la tormenta. Al final de la calle, desde la plazoleta, se observa cierta agitación por las obras, dicen que van a construir solo con donativos una Basílica de piedra blanca que se divisará desde toda la ciudad. Pasas de largo y buscas un buen punto de mira para dibujar.

París, invierno de 1886

Es como si dos personas vivieran en él, le escribe Théo a Wil, tu hermana pequeña. La dualidad, Vincent. Tu ser sensible, capaz de trazar la belleza en el pincel sinuoso de colores, malvive con el egoísta, testarudo, capaz de dañar a los que más te quieren. Théo no puede más. Al borde de la crisis nerviosa.

Y sigues pintando. El frío dificulta el trabajo al óleo. Los lienzos no se secan y ya no sientes las yemas de los dedos. Mejor los trabajos en el interior. Retratas a tu amigo Julián "padre" Tanguy, en su tienda de pinturas.

Te aterías, has acelerado el paso y no has tardado más de diez minutos del apartamento al café. Sabías que Latrec pasaría la tarde en Tambourin y querías estar allí. Bernard acudirá para apurar el último sorbo de la madrugada entre estas paredes. Estás más callado que de costumbre. Bebes, por rutina, y te quedas observando a los otros clientes delante de un vaso vacío de ajenjo. Lautrec, tan sagaz, opta por cesar una conversación a la que no prestas demasiada atención y con rápidos trazos de tiza marca tu perfil sobre un cartón. Tu frente despejada, tus hombros erguidos, tu pose felina, dispuesto a despedazar al destino, si pudieras. Blancos y amarillos para el rostro, marrones y azules para el fondo. A través de los cristales cuadriculados se agota la tarde. Sobre la mesa queda el único perfil tuyo que se conserva.

Bernard y tú cada vez pasáis más tiempo juntos. Charláis de arte, de las dificultades que atraviesan los pintores alejados del Salón. A veces, sobreexcitado, se niega a seguir las directrices de los maestros, tal como hizo donde Cormon. Debe encontrar los suyos. Le apuntas a Delacroix, a Rubens, a Velázquez. Anquentin os fotografía sentados uno frente al otro, en el camino de Asnìeres, donde reside con sus padres. Apareces tú de espaldas, trajeado con una chaqueta gastada similar al sombrero. Émile, mirando a la cámara aún el frío en la ribera cercana a los puentes que pintaréis juntos. Desde tu posición el puente es atravesado por una locomotora, debajo pasea una dama de rojo con sombrilla. Eliges en otro cuadro el puente peatonal en primer plano; detrás, el ferroviario. El Restaurante Rispal queda a tu izquierda, para el verano, rodeado de árboles frondosos y bajo un ancho cielo, quedará preservado en lienzo.

Desde tu primer encuentro con Gauguin en la tienda de Tanguy han pasado varios meses. Te habías interesado al ver sus cuadros entre las exposiciones, compras y ventas de tu amigo. Los "pintores del pequeño Boulevard", orgullosos de vuestro arte joven y marginal, habéis decidido exponer en el Boulevard de Clichy. Bernard, Gauguin, Toulouse- Latrec y tú frente a los "pintores del Gran Boulevard": Monet, Sisley, Pizarro, Degas.

Agostina Segatori cede el espacio. Os aguardan los muros de su Café du Tambourin. Allí estáis, en un frío día de marzo, Théo subido en la escalera, colgando vuestras estampas japonesas; Tú, guiándolo, como organizador del evento. El *Jardín de ciruelos en Kameido* debe estar más arriba, con el *Tronco de ciruelo en flor* de Hokusai. Théo, como marchante, prefiere exponer a un lado las de Hiroshige; a otro, las de Hokusai. Te niegas. En la pared principal deberán colgarse las marinas; a la derecha de la puerta, los cerezos y en el último testero las delicias del arte urbano. Ahí están las orientaciones del Arte Nuevo. Tal como llamará a su galería Bing.

Siegfried Samuel Bing había abierto su comercio de arte asiático aprovechando el japonesismo de París. En su buhardilla, donde acumula los objetos de arte que él mismo adquirió en los viajes por oriente, compraste las que pudiste pagar. Las contemplabas, fascinado, preguntándote cómo serían las auténticas xilografías. Las casas de té en Edo, Tokio la llamarían después, los santuarios, las calles pobladas de comercios, las figuras humanas de breves trazos, una ciudad suntuosa y hedonista, como París. Sabías que para encontrar esas bahías, la lluvia fina sobre el mar, la nieve en los desfiladeros, tendrías que buscar el sur.

Théo continúa el pulso, te recuerda que lleva más de cinco años como galerista y que el impacto visual que se produce en el visitante es el que queda después. Las mejores estampas deben divisarse desde el umbral. Le rebates, entonces no pueden estar separadas por autores, no todas las de Utamaro son tan espectaculares. Un vaso se tambalea sobre una mesa, a punto de caer a causa del trapo que acabas de arrojar enojado contra el suelo. Agostina da una última calada desde el aburrimiento, sentada al otro lado del café. Os contempla, se levanta resuelta a intervenir si vuestra disputa va a más y puede alejar a la clientela.

Finalmente, Théo accede a condición de elegir él las primeras láminas que se divisan desde el boulevard.

La exposición ha sido un fracaso, te dices. Idealizaste vuestra "galería". Ha seguido siendo ese punto de encuentro entre amigos en un rincón de Montmartre que es parte de vosotros. Vuestros *crepes*, como les llamas, por el papel arrugado en el que vienen impresas las escenas japonesas, han sido contempladas por los pintores del pequeño Boulevard. Has decorado con tus propios cuadros los espacios que quedaron desnudos, no teníais tantas estampas, y la has retratado a ella.

París, verano de 1887

Agostina. Su humanidad profunda, su nostalgia entre distinguida y cabaretera, te cautivaron. Posó para ti, como ya hizo para Corot y Degas. Tus únicos desnudos al óleo, de espaldas, primero, con su larga trenza negra; de frente, dos lienzos más con unas impudorosas calzas hasta las rodillas. Para la exposición la escogiste tal como la recordarías, apoyada en la minúscula mesa, deshaciendo un cigarro lento, aguardando plena su jarra de cerveza. La amas aún, y confías en que ella también sienta algo, después de todo. *Anda metida en líos*, escribes a Théo en Holanda: *no está libre, ni es dueña en su propia casa.* Sospechas que ha sufrido un aborto. La palidez y la tristeza la acompañan aunque trate de disfrazarlas con polvos nacarados y labial rojo importado, elaborado con raíces de orcaneta roja y uvas negras. No la molestarás, esperarás a que tu hermano regrese para reclamar los cuadros con los que decoraste el café. Son tan tuyos como de Théo. No supiste ver que te protegía, si fuese tan malvada como dicen, te hubiera pisado el corazón. Te avisó: "vete". Y no quisiste darte cuenta. Los otros socios del café andaban buscando líos contigo. Has vuelto. Solo para tranquilizarte, para que sepan que no los temes y que no tratas de evitarlos.

La pasión, un compás de tiempo justo. Será aquella *Mujer italiana* de diciembre para entonces convertida en trazo rectilíneo y oriental. No lo firmaste, ni el anterior, convencido de que solo un cuadro dotado de alma está terminado.

Sin perspectiva, sin sombras fue vuestro adiós.

Escribes a Levens, el pintor inglés de Amberes, lo echas de menos. París es más caro y, si andas parco de monedas, se sufre más porque hay más oportunidades de gastar. Sin embargo, la vida artística es más agitada. Los marchantes se benefician de un mercado que potencia a Millet, Daubigny o Corot pero que menosprecia a los jóvenes. No puedes pagar modelos. Cuatro comerciantes han exhibido tus trabajos, a 50 francos cada obra. Pese a que no vendes, has agitado las alas de la mariposa, confías en que algo trascienda. Atesoras algunas obras de conocidos, algunos de los denominados "impresionistas". Pese a que no eres uno de ellos, los conoces. Es común el intercambio de obras. No tendrás dinero pero sí lienzos, tu moneda de cambio. Los paisajes de Monet, los desnudos de Degas te han abierto nuevos cauces del color. Le propones que te visite, podríais compartir vuestra habitación. Solo gastaría en el viaje. Es una buena oportunidad. La próxima primavera marcharás al sur buscando azules.

Septiembre. Escribes a tu hermana Wil, por primera vez desde que te marchaste de Nuenen. Las noticias les han llegado durante todo este tiempo a través de Théo. Transcurrido el tiempo que has necesitado para perdonarlos, retomas sin rencores la correspondencia. Reír como antídoto para la vida cotidiana, reír a diario, Vincent. En tus libros encuentras una sonrisa asegurada, comentas a tu hermana. *Bel Ami*, es ahora la tuya.

Bernard ha marchado a Saint- Briac, una aldea en la costa de la Bretaña francesa. Se ha instalado en una pensión, la de la señora Lemasson. Desde allí irá afianzándose su teoría artística, germen del cloisonismo. Pinta los acantilados de Le Pouldu, de espaldas al mar, madurando su pincelada.

París, otoño de 1887

Con el cambio de estación, vuelves a las japoneserías, copias la Oiran, la cortesana de Keisan Eisen. Imagen de ese "mundo efímero" como lo llaman ellos. La superpones a un estanque exuberante de ranas, junco y bambú, con los colores planos y el trazo negro que siempre disfrutaste. De Hiroshige tomas los ciruelos en flor en Kameido. Integras el marco como parte de tu obra y decoras el bermellón de la madera con caracteres de escritura negra plagiadas de otras estampas. Resulta una lectura apenas descifrable. A la derecha se lee: "Nuevo barrio de Yoshiwara pintado"; a la izquierda, "nombre del editor, impresión a todo color". No buscas comunicar con las palabras solo con la imagen.

París,   invierno   de 1887

Convencido de que vuestro arte tiene que ser difundido, organizas otra exposición en vuestro barrio, esta vez en el Restaurant du Chalet. Cien trabajos tuyos, algunos de Latrec y de Bernard, también de Anquentin. Estás muy orgulloso. Bernard ha vendido su primer cuadro, le has escrito instruyéndole, aprender a pintar es como aprender a vivir, nadie puede hacerlo por ti. Si deseas ingresar en el ejército, espera, le dices, anémico y falto de vigor solo peligraría su salud sin beneficiar a nadie. En sus diecinueve años, en esos impulsos tan impredecibles, ves una parte de ti, quisieras evitar a tu amigo las decepciones y desgastes que te procuraste, le traes a la memoria que debe respetar a los puntillistas, que cada cual encuentre su opción pictórica, lejos de imposiciones academicistas, en un andar solitario.

Oigo tu voz estrangulada en las noches de cabaret, junto a los viñedos de Montmartre: aduladores, huid de mí, ahora que no tengo nada asiré mi rabia para pintarla. Y te pierdes en ese andar de niebla triste, escurriéndose el alma entre los dedos, sujetándola para no desparramarla en cualquier esquina.

Caminas a traspiés, sudando alcohol barato, eres un extraño, para ti mismo, para los demás. Te cruzan miradas, como si atravesaran tu profunda soledad, tu distancia de los otros. Caminas hacia algún lugar en el que te sientas, donde la risa no busque ser uno más para olvidar que ya no perteneces a la ciudad, que has vuelto a perderte.

Deseas que vuelva la sangre a circular. Te miran. Puedes soportar el rostro misericorde de las ancianas, el amor vendido por una hora en el boulevard de Cliché, el rostro asqueado de las mujeres hermosas. Te miran. Tu aspecto sucio, tus hombros levemente inclinados, tu cabeza gacha. Pero no soportas la compasión. Será que huelen la amargura instalada en tu chaqueta. Deseas que se alejen y ya no los retienes con tu risa franca, tus ojos vivarachos. Duele, Vincent, la soledad del extraño en la multitud. Atrapado. La angustia en la garganta. Sin voz. Gritar o morir. Otra vez, a solas contigo.

Entras en casa, un portazo violento cimbrea *Montmartre con girasoles*.

CAPÍTULO 6

Arlés, febrero de 1888

Ahora que te has marchado, Théo respira el vacío de su casa. *No es fácil sustituir a una persona como Vincent,* escribe a tu hermana. Dos años atrás no imaginaba que la unión sería tan fuerte, desproporcionada tu furia, casi tanto como tu entusiasmo por el hombre, te apasionas, te nublas en un intento por comprender al prójimo, sus razones para ser quienes son. Cada uno buscando algo por lo que estar en el mundo, no basta ser. Un siglo el tuyo que se rebela, si no merecen tus ideales, tampoco tú. *Yo no tengo más que la elección entre ser un buen o un mal pintor. He elegido lo primero,* escribirás a Théo en verano.

Arlés huele a tierra aún escarchada por la nieve. El viento seco azota la piel pero aún así es más acogedora que la gran ciudad, acaso vagabas en esa multitud para olvidar que estabas muerto. Aquí frente al duro cielo azul late tu sangre. En París ya no podías pintar.

123

Alquilas una habitación en el Hotel Restaurante Carrel, en el número 30 de la Rue Cavalerie. Buscas los paisajes japoneses de invierno, recorres la campiña helada, los olivos grises, las colinas de pinos y en las afueras, la abadía en ruinas de Montmajour. Cuando el tiempo benévolo lo permita, se instalarán en tus lienzos.

Tu estómago está débil, el mal vino en París te pasa factura, ahora apenas bebes. Paciencia, te dices. La recuperación es lenta y tus monedas escasas para la dieta que te convendría. Continúan la lluvia y el frío. Querrías tener un cuerpo sano, *uno se consolaría si sintiera que va a venir una generación de artistas más felices.* Te enfureces, *lo ideal sería tener un temperamento lo bastante fuerte para vivir 80 años.* Has recibido una carta de Gauguin, lleva 15 días en cama, pide a Théo a través de ti que reduzca el precio de los cuadros si es preciso, necesita dinero. Tú, también. Tus cuadros valdrán más, argumentas a Théo, le recomiendas que los guarde él y los tome como anticipo, eso te consolaría, confías en devolverle lo prestado.

Tu lista de colores, ahora que empieza a derretirse el invierno, es detallada: blanco de zinc, verde veronés, amarillo cromo, azul prusia. Si no puede pagarlos ahora, no importa, volverás a los dibujos, siempre más baratos. Arlés te pide ser pintada, cualquier rincón puede hacerse arte.

A punto de arrancar la primavera, escribes a Lautrec, tal como le prometiste. Le envías la carta en el mismo sobre que la dirigida a Théo, él se la entregará.

Mon cher copain Lautrec:

Te escribo tal como prometí. Ahora no tengo dudas, Japón está aquí, las líneas diagonales que trazamos forman parte del paisaje, quisiera que vieras cómo florecen los melocotoneros con los primeros días de tibio sol. Aún combate el mistral, así que no dibujo en el exterior tanto como querría, lo suplo con los estudios en mi habitación de hotel. La vida aquí es demasiado cara, quizás no como en Pont- Aven, como le escribí a Bernard. He tenido que reducir los gastos a 4 francos por día, tendré que aficionarme más a los ajos. Confío en que nuestro esfuerzo algún día se vea recompensado, que obtengamos un merecido reconocimiento por entregar nuestras vidas, tal como lo hacemos, por los nuevos rumbos del arte. Con toda seguridad el arte japonés, si se ha detenido en la tierra de la que procede, seguirá evolucionando en Francia.

Quizás no te gusten los proyectos que tengo ahora: un puente levadizo en las afueras de la ciudad por donde regresan pescadores y lavanderas al atardecer. Los he dibujado por separado, con la luz amarilla intensa del mediodía sin sombras, el azul en contraste como protagonista. Creo que sabré profundizar en este nuevo estilo y superar mi trazo de París. Sé por mi hermano que ha adquirido a comisión tu Polvo de arroz. Cuando lo comenzaste, hará casi un año, me fascinó el tono desenvuelto del siena, del blanco y el amarillo, armonizado en un puntillismo libre, a tu estilo, la pureza intensificada con el bermellón de la lata que contiene los polvos. Tu Suzanne, en su mesa de maquillaje, siempre me recordó a Agostina. Quizás por la resignación de su mirada

125

solitaria o su altanería encantadora, solo accesible a los hombres mientras ellas lo decidan. Quisiera volver a verlo antes de que en Goupil se venda, como sucederá, sin duda. Sé que eso no te preocupa, pero significará que se abre una brecha en el gusto academicista y anquilosado de los compradores de arte, un pabilo para encender mi esperanza.

Si ves a Aquentin, como supongo que harás, dale muchos recuerdos y dile que confío en su pintura. Un abrazo.

Siempre tuyo.

Vincent

Arlés, primavera de 1888

Estoy actualmente descontento de mí y descontento de lo que hago, pero entreveo la posibilidad de hacerlo mejor después. Si remueves los escombros de lo que quisiste ser, hallarás, bajo el miedo, un esbozo. Ese mundo que te contempla desenfocado y que no entiendes es tu presente. Caerá tu rabia sobre los bosques y, disipada la niebla, brotes de luz alumbrarán tu pena. No ceses, Vincent, detrás de los hombres está Dios.

Christian Mourier- Petersen, pintor danés, ha llegado en marzo. Por dos meses se convierte en tu único compañero. La primera impresión que le provocas es de un loco aunque, como él mismo escribirá, hay ciertas pautas en tu locura.

Dos zuavos han sido asesinados. Se acusa a los italianos. Estás de acuerdo con el autor de *Tartarin* en que los arlesianos no son hombres de acción. Te equivocas, Vincent, lo experimentarás antes de un año, quien altera el orden establecido de esta ciudad no sale indemne. Te condenarán al exilio. Lo que te ha sorprendido, escribes a Théo, son los colores, la turba atiborrando las calles. Fue en la puerta del burdel, en la pequeña calle de Recoletos, que confiesas frecuentar como único testigo de tus lances amorosos. El suceso conmocionó al pueblo, agitados reclamaron justicia. Todos los italianos han tenido que abandonar Arlés.

Te mudas a la Place Lamartine 2. *Viviendo en un hotel no se avanza jamás.* Acabaste enojado, querían aprovecharse de ti los dueños, argumentaban que ocupabas más espacio con tus pinturas que los otros clientes. Tenías que marcharte a un lugar en el que dispusieras de dos habitaciones: una, como dormitorio; otra, como taller. Le preguntaste a Théo si le venía mejor que te instalaras en Marsella, allí podrías pintar algunas marinas, practicar con los azules y cambiar de aires, incluso te has comprado tres camisetas de hilo y dos pares de zapatos resistentes para trasladarte. Tus ropas usadas y salpicadas de pinturas al aceite no son una buena carta de presentación para los desconocidos. Necesitas una buena apariencia para empezar de nuevo. 53 francos más, pues, en gastos de indumentaria.

Finalmente decides seguir aquí. Recuerdas por qué elegiste esta ciudad entre tantas del Mediodía francés, Tarascon, cantón de Arlés, queda cerca. Allí transcurre la novela de Alphonse Daudet que tanto te divirtió, *Tartarín de Tarascon.* O fue por la belleza de las arlesianas o porque en algún lugar de la Provenza querías inaugurar una nueva casa de artistas. Así que, fiel a tu impulso inicial, cargas tus pertenencias hacia otro hogar. Desde la plaza ves el ferrocarril, la estación se encuentra a pocos pasos, sales y a tu derecha se encuentra el Ródano. Si sopla el viento, se filtra el olor a mar lejano en tu dormitorio.

Piensas en una larga estancia. Ahora que amas esta naturaleza, Japón está más cerca. Traías impresas en la retina las estampas que coleccionaste en París: los almendros en flor, los cerezos, los mares zambullendo los paquebotes. Interpretaste la tormenta repentina en el puente de Atake treinta años después de que lo hiciese su autor y lo especificaste "Un puente bajo la lluvia (según Hiroshige)". El mar gris celeste del maestro se tornó verde esmeralda en tu tela. De las suaves pinceladas orientales a la vibración del color. Del azul prusia holandés, que tanto emplearon los japoneses, solo quedan toques en el extremo derecho. Tendrás tus propios muebles, tus aposentos y la posibilidad de inaugurar tu soñada casa de artistas. En la primera planta pretendes establecer el dormitorio con unos pocos muebles; el taller, en la planta baja.

Mourier ha pintado melocotoneros siguiendo tus enseñanzas, este joven médico, que rechaza a sus compañeros de profesión porque "matan a la gente", vino para restablecerse, aquejados sus nervios del estrés tras los duros exámenes. Su aspecto remilgado, de familia distinguida y modales de alcurnia quedaron tamizados tras las innumerables horas que pasaba silencioso a tu lado. Facilitó

129

tu estancia, tan solitaria, reconoce que el dialecto del sur dificulta tu charla, ya por naturaleza parca si no se trata de filosofía o ética, y que apenas te relacionas con los arlesianos. Ahora parece un aprendiz de pintor, pese a que no conquista grandes logros, algo de lo que le has transmitido se balancea en una pincelada blanca.

McKnight o Gauguin puede que se instalen en el sur, así alquilarías a medias. Nada de mujeres. Tu situación no es la felicidad ni la verdadera vida pero es lo que exige ser pintor. Consciente de que tu salud es tu única aliada para crear insistes a Théo, también enfermo, debilitado por el interminable invierno: *comer bien, vivir bien, ver pocas mujeres, en una palabra, vivir por anticipado como si uno tuviera ya una enfermedad cerebral y una enfermedad de la médula, sin contar la neurosis, que existe realmente.* Una vida que no enturbie el alma. Te sientes *más viejo pero no más triste.* Sin necesidad de distraerte, asumes tu soledad como parte de la vida que has elegido.

No has podido fiar los muebles. Le pides a Théo que, cuando se marche Koning, su invitado, te envíe la cama que ocupa una vez cumplido su objetivo: visitar el Salón de París, expositor de los pintores reconocidos por la Academia.

Habéis pasado un buen domingo Dodge Macknight, Mourier- Petersen y tú. A tu amigo norteamericano lo conociste dos años atrás, en el taller de Cormon, os presentó

Russell. Ahora se ha instalado en Fontvieille, lugar que conoció cuando abandonó París camino de Argelia. Habéis quedado en veros en su pueblo el próximo lunes.

Cambio de planes, Macknight ha venido de nuevo, le gusta Arlés, el ferrocarril comunica los 10km que separan vuestros hogares. El próximo domingo, día 29, acudiréis a la arena, al espectáculo taurino.

Viernes 3 de mayo. Has visitado por primera vez Fontvieille, al noreste de Arlés. Has tomado la ruta a pie de Tarascon, pasas por la abadía de Montmajour y por el molino que inspiró a Daudet. A pie te resultará más económico y así te familiarizas con los colores de la primavera. Macknight es mejor artista que crítico, te enervan sus opiniones sobre el arte y te irritas, aún así, buscas su compañía, especialmente desde que Mourier se ha marchado a París.

Al otro lado del cuerpo, más allá del dolor y de la ausencia, lleno el estómago de vacío y la mente de ruidos, estás tú. Desnudo el espíritu, en medio del universo. *No tenemos ninguna prueba*, escribes, *de que dispongan nuestro final desde arriba*, ¿por qué hablas de suicidio? *En este caso verdaderamente se transforma en asesinos a los amigos.* Te educaron en la ilusión de una vida fácil, la angustia es una punzada en el costado, una hendidura que se abre y te recuerda que estás vivo. La muerte te libera. Un destello apenas. Y vuelves a los hombres.

Si consiguieras establecer tu casa de artistas, en compañía se reducirían los gastos. Sería ventajoso para todos y levantarías esa horrible loza que te aplasta. Théo no puede mantener a Gauguin en Bretaña y a ti en Provenza. Fijas una suma, 250 francos al mes, y entregaríais a cambio vuestros cuadros a Théo. *Sabes que siempre me ha parecido estúpido que los pintores vivan solos.* Cocinaríais en casa y con lo que vives tú, podríais vivir los dos. Abrirías una puerta, el cambio podría ser tu respuesta. El sol cada vez luce más.

Decides hacerte con un jergón, será suficiente para el verano, en invierno ya habrás conseguido una cama. Mejor que Théo conserve la de invitados, es bueno tener a alguien con quien hablar, cuando Koning se marche, podrá ocuparla otro pintor.

Théo te escribe, le entusiasma su trabajo. Cada vez son más los entendidos en arte que se pasan por Goupil en busca de nuevas tendencias. Hoy les ha mostrado tus pinturas a unos visitantes alemanes. Paseaban por el distrito de la ópera, un Monet en el escaparate les reclamó. Al otro lado estaba tu hermano con una amable sonrisa. Les habló del Impresionismo, de Pissarro, de Seurat, les comentó que tenía un hermano pintor y les mostró tus cuadros. El más joven escuchaba atento sus explicaciones, no iba solo, una dama lo llamó Hermann, el individuo regordete se dirigió a él como señor Schlittgen. No cabía duda de que sabía de lo que hablaba. Se interesó por tus cuadros, Vincent, por la vivacidad de tus colores y por la línea azul con la que marcabas el trazo, a imitación de los japoneses. Años después, rememoraría este encuentro en un libro suyo, para entonces tú y tu hermano erais conocidos y admirados. Demasiado tarde bajo la hiedra.

La revolución del color está por llegar. Reflexionas. Los impresionistas ya han sentado las bases: Manet, Monet. Pero habrá de venir alguien, como si de un Mesías se tratase, un enviado del color, que no viva en hostales, frecuente cafés y burdeles, que no tenga dientes postizos. Ajeno a que puedes ser tú, te menosprecias.

Verás bellos paisajes en casa de Monet, escribes a Théo, qué pobres le parecerán después tus trabajos. Desde que la firma Boussod, gracias a la intervención de tu hermano, trasladó sus cuadros a Londres para una exposición, ha estrechado relaciones con él. Se deterioraron las que tenía con el marchante George Petit, un año más joven que Théo, tanto que se ha retirado de la subasta y exposición colectiva que inauguraba este 16 de Mayo en la calle Sèze, número 8. El mes pasado tu hermano consiguió revender por 2.200 francos uno de sus cuadros con vistas de la idílica Bennecourt. El margen de ganancias fue de 700 francos. Théo apuesta por Monet, tiene buen ojo para detectar talentos, por eso se va haciendo un hueco entre los compradores de arte. Hace dos años incluso le organizó una exposición individual en Boussod y Valadon, el mismo año que en Nueva York se entusiasmaron con los impresionistas en la exposición organizada por Duran- Ruel. El mercado de arte en París depende en exceso de los galeristas, los pintores contemporáneos lo sabéis y tratáis de establecer lazos con ellos. Paul Duran- Ruel es ya un veterano en este oficio, sus sucursales se extienden por Estados Unidos y Europa, ahora está difundiendo a los impresionistas. El 25 de este mismo mes, Sisley, Renoir y Pisarro exponen en su galería de París. Monet, tal como acordó con tu hermano, no participará. Por suerte no tienes que preocuparte de estos asuntos, tienes galerista incondicional.

Arlés, verano de 1888

Continúan los negocios de Théo con Monet. Diez marinas de Antibes por 11.900 francos, según el contrato firmado le abonará el 50% en caso de reventa. Le ha organizado una exposición privada en el entresuelo del Boulevard Montmartre, en el número 19. Por los dos pequeños salones han desfilado aristócratas y la alta burguesía, de Maupassant y Mallarmé al príncipe Eugenio de Suecia. El periódico *La Justice* la alaba, le recomiendas a tu amigo John Russell que contemple esos abetos de Monet. No has podido ir a verla, son pinos, Vincent. A tu amigo australiano le comentaste tu estrecho contacto con Macknight, será mejor artista que crítico, está experimentando con el color. Acaba de pintar un bodegón inundado de ollas violetas, naranjas, rojas y verdes intensos. Un mes después, en agosto, pintas uno de tus girasoles sobre fondo turquesa. Frecuentáis el mismo burdel, Macknight ha contraído una úlcera venérea, sospecháis de una mujer gruesa, por azar te has librado. Eugene Boch se suma a vuestras charlas y paseos, en septiembre, días después de que Macknight se haya marchado, lo retratas sobre un fondo azul prusia nevado de flores blancas. Tus relaciones se habían ido enfriando con él y reconoces no sentir su marcha. Por su parte, conocedor de tu lealtad y generosidad, te habías convertido en un compañero incómodo por tus excesos temperamentales. Tras una corta estancia en Moret- sur – Loing, cerca de Fointanebleau, sigue los pasos de vuestro amigo Russell en la Bretaña. Gauguin aún sigue allí.

Durante el próximo marzo, se publica otro artículo. Esta vez en *Le Figaro* donde el editorial es sustituido por el artículo de opinión "Claude Monet". Los elogios a la exposición en Londres en las Galerías Goupil sirven de prefacio al catálogo inglés. La afluencia en la galería de Montmartre es masiva, tanto que Théo prolonga la exposición en París y anuncia la posibilidad de vender. Recibes un sobre con 50 francos.

Tu hermano es ya un habitual de Giverny, el pueblo al que se ha retirado Monet, y tus cuadros siguen sin venderse.

"El señor Vicent, pintor impresionista trabaja en la noche, como estamos seguros, en el resplandor de los faroles de gas en uno de nuestros lugares públicos" *L 'Homme de Bronce,* periódico local. Ahora se abre el cielo, coronado por una luna menguante de rojo. Luz de gas para los que temen a la noche. Delante del café de la Plaza de Forum has encontrado las sombras arrojadas sobre las paredes del vecindario. Has venido hasta aquí con las velas prendidas en el sombrero de paja, el caballete en medio de la céntrica plaza y un desafío: se puede pintar bajo las estrellas. Pintas la terraza del café nocturno. Te observan como una extraña aparición surgida entre sombras. Dejaste la timidez en la paleta, en las siluetas entre azules y amarillos; los transeúntes ya no son amenaza. Te preguntas qué ha sido del hombre, aún más perdido entre luces artificiales, ebrio de pasiones. Pintarás durante tres noches.

Soñabas con pintar las estrellas. En verde la Osa Mayor corona tu vista sobre el Ródano. Una pareja pasea por la ribera, los eternizas en el primer plano de tu lienzo, el amor como esperanza, Vincent. Confiesas a tu hermano tu necesidad de religión, de consuelo, de salvar tu mal con esa seguridad que nos hace ingenuamente felices. Bajo las estrellas sientes más cerca el infinito, y a Dios, si lo hubiera. Tiras una piedra al río y contemplas las ondas hasta que se agotan. Acción y reacción. Sin embargo estás exhausto y tus cuadros no se venden. Treinta telas para la decoración de tu casita amarilla: *El café*, Tu *Habitación, La casa amarilla...* Cansados los ojos, decides tomarte tres días de descanso.

El año próximo Théo presentará tu *Noche estrellada* en el Salón de los artistas independientes. En menos de cien años volverá a contemplarse en París, en exposición continua, tras una temporada en Amsterdam. Imagina una antigua estación de ferrocarril convertida en pinacoteca. Tu sala, la más concurrida. Ni siquiera colocarán asientos para no detener al público atónito y entusiasta con tu *Habitación* de *pálidos violetas* y *amarillos de mantequilla fresca*.

Pisarro le ha entregado hoy, día 6 de septiembre, unas acuarelas a Théo, quien asegura que se venderán bien. Durand ya no es rival. Le recriminó al pintor que no se las hubiese entregado a él, le exigía que retirase los cuadros que había entregado a Théo. Furioso con él y con Monet, que ahora entabla negocios con Boussod y Valadon, ha roto relaciones de momento con Pisarro.

Tendido en tu cama, sigues leyendo *Bel Ami*, Maupassant parece dirigirse a ti:

"Cásese, amigo mío, no sabe usted lo que es vivir solo a mi edad. La soledad, hoy, me llena de una horrible angustia; la soledad en mi hogar, junto al fuego por la noche. Me parece entonces que estoy solo en la tierra, horriblemente solo". Has escrito a Will, le recomiendas esta lectura, es divertida y amena, comparas la descripción que aparece del café nocturno en la noche parisina con tu pintura en la plaza del Forum.

Le reconoces a Théo tu naturaleza dual, de monje y pintor. Quizás hasta ese punto has interiorizado el Japón, o bien ya arrastrabas esa dualidad desde la cuenca minera sin permitirte liberar el impulso creador. Aún te preguntas si fue correcta tu elección, si no estarás agotando tu tiempo en vano y pasará sobre ti como lo hacen las grullas en otoño, buscando en el sur la dehesa. Te autorretratas como un budista: rapado y enjuto, concentrada tu mirada rasgada en algún punto. Firmas. "Vincent, a mi amigo Paul G." Se lo envías como respuesta al que él te ha enviado, un intercambio entre camaradas. Recibes uno de Bernard. En París podrá verse en la exposición individual que organizará Ambroise Vollard en la galería que él mismo funda en la Rue Laffite. Cinco años habrán transcurrido desde tu muerte. Años después, en los albores del nuevo siglo, tu amigo Paul le enviará regularmente sus cuadros desde Las Marquesas, el nuevo hogar tras haber abandonado Tahití.

Gauguin te ha escrito desde Pont- Aven, se acumulan las deudas, las molestias de estómago y el desánimo. Bernard está pasando una temporada allí con su hermana Madeleine. Se está alejando hacia malos derroteros, tú puedes influirle, te sugiere, positivamente, no te queda claro qué quiere decirte Paul. Intuyes cierta rivalidad pictórica, junto con Anquetin, Émile desarrolla el cloisonismo desde hace un año. Parten con líneas gruesas las zonas para colorear, siguiendo las xilografías japonesas que asimilaron en tu exposición en Tambourin. Gauguin también la emplea, sus pinturas adquieren mayor fama que las de sus compañeros, a los que se les irá restando el mérito de este nuevo estilo. Para cuando no estés, en 1891, Bernard habrá roto definitivamente con Gauguin.

Arlés, otoño de 1888

Octubre. "No le quedaba más que desplegar las alas, tenderlas al cielo y vivir orando hasta el último día de su liberación". Has terminado de leer *Eugenia Grandet*, prefieres estas novelas en la que los personajes siguen a pesar de todo. Aprendes de Balzac que la vida puede ser sencillamente injusta a pesar de las bondades que pueda aportar el ser humano.

Respondes a Gauguin, entiendes que no llegará hasta final de mes, sigues pensando que mejorará más rápidamente en el sur, no obstante, si la Bretaña le hace sentir mejor, que él decida. El viaje no es tan agotador como supone, hay un tren rápido París- Lyon- Marsella. Le explicas que la idea de elaborar litografías para obtener más dinero no te convence, bastantes preocupaciones te traen las pinturas y los gastos que conlleva para añadir otras. Si no está demasiado enfermo le ruegas que se apresure y venga.

Estás cansado y solo. La rabia y la ansiedad son ya pasajeras habituales, consciente de que tus minutos están contados, de que los designios del destino no tienen vuelta atrás. Para otros quedan la familia y el hogar. Eres un solitario. El arte te ha condenado a tu propio ostracismo, lejos de los tuyos, la lucha no tiene sentido sin nada contra qué luchar. Luchas ahora contra el tiempo, arrebatándole los minutos, antes de que tu salud te postre y ya no puedas evadirte de ti mismo. El sol es un cordial amigo. Clavas tu caballete, te defiendes del Mistral. Sigues robando al sueño y casi no comes. Has pedido un adelanto a Théo. Gastaste lo que tenías en pinturas y en la instalación del gas en el taller y en la cocina. En tus botas las gotas azules ocultan el amarillo de ayer.

20 de octubre. Hoy ha llegado Gauguin. Tiene mejor aspecto que tú. Los nuevos proyectos te alientan. Prepararéis los lienzos y compraréis pinturas más baratas. Has recibido un giro postal. Tu hermano ha vuelto de unos días en Bruselas. Te sugiere un crédito para obtener comida. Olvídate de la cuestión monetaria, Vincent, tu hermano te insiste, *crea un séquito de artistas y amigos para nosotros.* Envió correspondencia a Gauguin a Pont- Aven, creyendo que aún estaba allí. Respecto a los gastos, esperas que con 250 francos mensuales sea suficiente. En pago cada mes Théo recibirá un trabajo de cada uno de vosotros. Gauguin es un hombre sorprendente, con gran capacidad de trabajo y con las mismas necesidades de descanso que tú. Eres consciente de que si trabajas irás mejorando en calidad como el buen vino en la bodega. No sabes qué opina tu invitado de la casa amarilla pero sí que le gustan tus *Girasoles* y *La habitación* que pintaste para decorarla. Recibís 100 francos de Théo.

Goupil & Co.
19 Boulevard Montmartre París
Boussod Valadon & Cie.
Dirección postal: Boussoval París
Herederos

13 Noviembre 1888
Estimado señor Gauguin...

Paul sigue leyéndote entusiasmado la carta que ha recibido de Théo. Sus pinturas están teniendo gran éxito, Degas les habla a todos de sus lienzos. Hay un posible comprador que pagará 500 francos por el cuadro de las muchachas bretonas si retoca la mano de una de las chicas. Se lo ha enviado.

Con estas ventas podrá ir ahorrando los 5000 francos que necesita para marchar a la Martinica. Incluso podría fundar allí otra casa de artistas que podrías visitar cuando quisieras. Escribes a tu hermano contento de no estar solo, igualmente celebras que él tampoco lo esté. Han llegado invitados, dos pintores holandeses. Le recomiendas que vea los últimos cuadros de Bernard y que adquiera alguno, por lo que cuenta Gauguin son excelentes, el verano en la Bretaña ha cohesionado su estilo y ya pueden hablar de la escuela de Pont- Aven.

Apuráis los días al aire libre. Gauguin pinta mujeres lavando, trabaja con los naranjas, amarillos y manzanas. Te inspira un gran respeto y confianza. Sientes cansado tu cerebro y te dejas seducir por la visión idílica de la tierra que trae tu compañero, más pura en su memoria que la Provenza, y por los Trópicos a los que marcharéis. Incluso De Haan y su amigo Isaäcson, que viven ahora con Théo, podrían fundar una escuela colorista en Java. Si tuvieras diez o veinte años menos lo harías tú mismo. Quizás sea una isla y la distancia de Europa la que permita el desarrollo completo de los pintores actuales, libres y alejados del mercado. Así un arte exótico y novedoso seduciría los salones de París, mientras, ya te has instalado en tu Japón particular. ¿Qué opinan los invitados holandeses de los Monticelli que tiene tu hermano en su galería? Te propones seguir sus huellas. Desde que lo contemplaste en París, te sorprendió el uso del color de este marsellés, amigo de Cezanne, a duras penas viviendo de la pintura hasta su muerte, hace dos años. Te gustan los dibujos en blanco y negro que te envía De Haan, será difícil mantener la expresividad cuando le añada color. Gauguin pinta de memoria las mujeres bretonas, si lo consigue será una proeza, como la tuya pintando el café de noche. Te gusta la luz del estudio con el gas encendido ahora que los días son más cortos y mayor el tiempo que pasáis pintando en casa. El frío no te sienta bien. Crees que podrás retratar allí. Hoy cenaréis en casa para ahorrar. Has terminado tu *Viñedo*.

Si vivieras solo quizás no te forzarías a pintar de memoria, viento y lluvia obligan. Debes aprender a cocinar, tienes un buen maestro en casa. Gauguin te anima a imaginar y a rememorar, le encargas a Tasset, a través de Théo, un tubo grande de bermellón y tres de azul Prusia. Trabajáis todo el día. Por la noche, derrotados, os acercáis al café y os acostáis pronto. Preferirías que tu hermano guardara los lienzos en su apartamento; los que no quepan, te los podría enviar de vuelta enrollados. No te interesa participar en más exposiciones como las que hiciste en Tanguy, en Thomas o en Martin, no le encuentras utilidad alguna, prefieres aguardar a una más seria. Por tu parte, después de los desacuerdos que tuviste en Goupil, tras seis años trabajando para ellos, no quieres siquiera darles opción a que enjuicien tu obra, *mi tiempo llegará*, ahora no puedes hacer más que trabajar. De todos modos, que Théo decida, si a pesar de todo lo considera necesario, adelante.

Théo ha vendido *Perros corriendo en el prado*. Los nublados de la Bretaña, verdes primaverales y una construcción local rompiendo el horizonte por 375 francos. Le explica a Gauguin que solo se llevará de comisión el 15%, lo mínimo, se alegra de que estéis trabajando duro. Os habéis ido al café a celebrarlo.

Arlés, invierno de 1888

Diciembre. Apenas tienes tiempo para escribir. Acumulas lienzos en tu habitación, retocas una y otra vez, siguiendo las sugerencias de Gauguin, cree que es hora de que modifiques tu estilo. Gauguin ha visto unos girasoles de Monet, prefiere los tuyos. Si cuando llegues a los cuarenta has conseguido dominar el retrato como las flores, habrás alcanzado una buena posición en arte. Persevera.

Estás practicando con la familia de Josep Roulin, el cartero. A él vuelves a retratarlo, ya lo hiciste en verano. Retratas a sus tres hijos: Armand, Camille y a la pequeña Marcelle. También a Augustine, su esposa, "La Berceuse" como la apodas en tus cuadros, en honor a la canción de cuna como las que tararea mientras duerme a su bebé. Dirías que para ella compuso Chopin, junto a la chimenea, de noche, un hogar mantenido con 135 francos, el sueldo de su marido. Joseph, mayor que tú diez años, mayor también en su impresionante estatura, uniformado de azul con su gorra y una asombrosa facilidad para empinar el codo sin que atisbe ebriedad alguna, se convierte en uno de tus mejores amigos. Lo ves entonando La Marsellesa con furia revolucionaria tras uno de vuestros tragos en el café de la estación, el de Joseph

Ginoux, y comprendes que gracias a él y a los suyos te sientes menos solo.

Pintas tu silla y la de Gauguin. La tuya, ocupada por tu pipa; la de Gauguin, por una vela encendida y dos novelas. Te parece un ejercicio *gracioso*, aunque intuyes que esas sillas quedarán muy pronto vacías.

Hoy habéis visitado la pinacoteca de Montpellier. A 80 km de Arlés, a 7 km escasos del Mediterráneo habéis disfrutado con los franceses Courbet y Delacroix, con los italianos Giotto y Botticelli y con el maestro holandés Rembrandt. Comenzasteis recorriendo pausadamente las galerías, acumulando imágenes y extasiándoos en los detalles, en los contrastes, en el dominio del color y de la perspectiva. Cuando salisteis, camino de la estación, solo recuerdas una conversación cargada de electricidad, discutiendo acerca de Delacroix y Rembrandt, llegando a conclusiones que solo os agotan y que no os conducen a nada. Exhausto, te reconoces que perdéis de forma estéril vuestra energía. Escribes a Théo, esperas que las dificultades entre los holandeses no lleguen al grado que alcanzan las vuestras. Temes que estas explosiones solo oculten una excusa para marcharse, revives el abandono como un viejo fantasma, se acelera tu pulso y se abre el dolor en el estómago. La soledad en tu casa amarilla, la noche ansiosa esperando el día y tú, de nuevo solo. Recubriste de color y esperanzas las paredes marchitas con tus cuadros. Una etapa se abría con la casa de artistas, a Gauguin le seguirían otros muchos: Bernard, quizás, Lautrec y Anquentin. Su marcha sería una bofetada a tu sueño de convivencia, a considerar esta etapa como pasajera y necesaria para un futuro próspero y, por qué no, feliz. Las lágrimas que no derramarás te ahogan la garganta.

A vueltas de la madrugada, con el amargor a nicotina y a vómito reciente, abres el portón. Satisfecho en un encuentro de burdel te tambaleas con la botella de absenta en la mano, casi vacía. Un último trago. Sin quitarte los zapatos, caes en el colchón. De tu boca un hilo blanquecino ensucia la almohada.

Tengo que volver a París. Ignoras que Théo ha recibido carta de Paul. Le confiesa lo que sospechas, vuestros temperamentos son incompatibles, imposible pintar así. Le pide disculpas por su decisión y le ruega le envíe parte del dinero obtenido en la venta de sus cuadros para poder regresar, sabe que un volcán está a punto de entrar en erupción, tal como le escribe a Bernard.

23 de diciembre. Gauguin está descontento con Arlés, con la casa amarilla y contigo. Aguardas sereno, dices a Théo para no alarmarlo, o para tranquilizarte. Si su fuerza creativa no encuentra la serenidad que necesita aquí, ¿la encontrará en otro lugar? Masticas tu rabia, se desborda como lava de tu boca y no hallas refugio donde resguardarte. Cómo huir de sí mismo. Una vida no basta para odiarse.

Hormiguean tus manos. De dónde viene tu mal. Si pudieras aceptarlo al menos. Te revuelves en una arcada.

Enero, 1889. Ahora que te has restablecido, reprochas a Gauguin en tu carta escrita a lápiz que alarmara a tu hermano. Catorce horas de viaje desde París por su telegrama. Más gastos añadidos a los que tiene Théo. Le ruegas que no hable mal de vuestra casita amarilla, les envías saludos a los amigos pintores y le deseas prosperidad. Esperas respuesta.

En el reverso le habías escrito a Théo, esperas salir pronto. La limpiadora y Roulin han restablecido el orden en tu casa, le dices que te envíe las cartas allí. Pronto mejorará el tiempo y volverás a pintar, empezarás con las orquídeas en flor. Cuando Gauguin quiera, le devolverás los cuadros que dejó allí y el dinero que gastó en muebles.

El segundo día del año le vuelves a escribir a tu hermano, desde el despacho del doctor. Ahora se comporta como un amigo, aunque al principio de tu ingreso lo rechazaste y te negaste a hablar con él. Gauguin no da señales de vida, te preguntas si lo habrás herido, desdramatizas lo ocurrido y lo tildas de *aventura*. El doctor Rey calma a tu hermano añadiendo unas líneas al final de tu carta "la sobreexcitación no ha sido más que pasajera". En las anotaciones médicas en el hospital te diagnostica "especie de epilepsia caracterizada por alucinaciones y episodios de agitación confusional cuyas crisis eran favorecidas por excesos alcohólicos". El médico jefe del hospital certifica "manía aguda con delirio generalizado". Restablecido, incluso tras un riguroso ayuno de una semana hasta el día 17 de enero, cuando recibiste los cincuenta francos de Théo, le preguntas al doctor Rey que si ha visto a alguien en ese estado pintar como tú lo has hecho, "yo no estoy loco todavía". De tu ataque solo ha quedado anemia por la enorme pérdida de sangre y tu *Autorretrato con oreja vendada.*

Decepcionado otra vez, un amor fraternal creías que te salvaría del desengaño. Renunciaste al ideal de una mujer, Rachel era suficiente para los dos en vuestras visitas nocturnas, y te entregaste a un nuevo proyecto. Agazapado el desengaño en tu propia casa, se enlazaron solos los resentimientos: Sien, tu prima y tantos otros abandonos. De tu amigo Gauguin recibías una daga que te abría las miserias. Otra vez, Vincent. Reviviendo dolor, te cercenaste. No querías oír. Allá a las puertas del lenocinio, gritos de sangre en la noche, casi perdiste el juicio. En un aparatoso escenario te hallaron al amanecer del día de Navidad, pálido por la pérdida de sangre, tendido en tu alcoba manchada. No recordabas cómo llegaste allí. Roulin fue tu guía de vuelta a casa. Interrogaron a Gauguin como sospechoso. Su testimonio no dejó resquicios. La escena teatral: el vaso de absenta que le arrojaste a la cara, tus posteriores gritos y la obligada expulsión del bar hacia la plaza de Víctor Hugo. Rachel y las otras corroboraron tu llegada ofreciéndole el macabro presente envuelto en un pañuelo. El despojo de tu lóbulo izquierdo yacía en el algún callejón. Y ya no te quisieron allí, en Arlés. Les dabas miedo. De nada sirvieron tus explicaciones. Théo acudió presuroso avisado por Gauguin. Juntos regresaron a París. A ratos bien, a ratos hundido en preocupaciones teológicas y filosóficas, arrastrando una profunda tristeza, te describe tu hermano en su carta a Jo. Cuán profunda puede ser la soledad, más dolorida el alma que tu oreja, quedaste contemplando las paredes amarillas que te devolvieron el hueco de tu llanto.

Roulin, tu fiel amigo, escribió a Théo tal como le prometió el día siguiente de tu ingreso. El 22 de este mes se ha marchado a Marsella. Fuiste a despedirlo, pensabas que la despedida sería triste, rodeado de sus hijos y la voz quebrada pero te equivocaste, efectivamente lo rodeaban los pequeños pero nada hacía reflejar que se sintiera desdichado, orgulloso lucía su uniforme, buscaba un ascenso en la ciudad portuaria y una mejora para los suyos. Tenía el mismo porte que cuando posó para ti, de viejo revolucionario ruso. Lo vas a echar de menos. Y tu pintura, también, su mujer no te dejaría retratarla sin que estuviese su marido.

Monsieur Gogh, lo he visto, "está perdido". No preguntó por mi familia, está débil de mente y cuerpo. Se despidió de mí diciendo que volveríamos a vernos en el cielo. Y se despidió con recuerdos para Monsieur Gauguin. Rue de la Montagne du Cordes, 10, Arlés sur Ródano..

Dos días después escribe sintiendo no dar esperanzadas noticias tal como hubiera deseado. Estabas aislado. No comías y rechazabas hablar. Tras una visita de su esposa en la que te mostraste cordial y te interesaste por la salud de la familia, sufriste un ataque. Apuntó entonces el doctor por primera vez una posibilidad: tu ingreso en un hospital mental en Aix.

El 29 de diciembre el doctor Rey escribe a tu hermano tras entrevistarse contigo y con el pastor protestante Fréderic Salles. Cuando quiso saber las razones de tu comportamiento aquella noche y de tu corte en la oreja, despachaste la conversación con un lacónico "era un negocio personal". El doctor reconoce que tu vida no corría peligro pero que había que esperar a restablecer el equilibrio y superar la excitación propia de tu carácter. La policía podría organizar tu ingreso en un asilo mental en Aix o en Marsella. El doctor entiende la preocupación de Théo, le aconseja buscar con celeridad uno en París, si puede permitírselo. En tu estado actual podrías desplazarte hasta allí, en unos meses Rey irá también para leer su tesis doctoral.

Iglesia Reformista de Arlés, 9, Rue de la Rotonde. El reverendo Salles escribe a tu hermano el último día del año, le informa de tu indignación por haberte privado de libertad, consideras que te encuentras bien, que puedes regresar a casa y empezar a trabajar. Estás profundamente triste sin entender por qué no te escribe tu hermano. El pastor se despide con un "Rezo por usted".

Escribes a Will y a tu madre para felicitarles el año nuevo pese a que hace una semana que empezó. Te disculpas por no haberles escrito antes, estuviste *indispuesto* sin mencionar más detalles de lo ocurrido.

De alta. Quieres retratar al doctor. Ha ido con dos amigos a ver tus cuadros. Respecto a la asignación mensual, propones volver a los 150 francos, como antes de la llegada de Gauguin. El 8 de enero ya estabas arruinado: el lavado de la ropa ensangrentada, el hospital, los cuidados de los enfermeros, el pago a la criada a través de Roulin… suman 103 francos con 5 centavos. Cuando recobres la calma, pretendes reanudar tu trabajo, esta vez con nuevos motivos. Tienes interés en la litografía de Delacroix que le pediste antes del incidente, preguntas qué está haciendo Gauguin y cómo están las relaciones con los Bonger, recuerdos a los pintores holandeses.

7 de febrero. Un nuevo ataque te obliga a hospitalizarte las noches durante tres semanas. Trabajas en tu taller, comes y duermes en el hospital. Volvieron las alucinaciones, la vigilia prolongando las pesadillas del sueño, la ansiedad y los temores, quisiste acabar con ellos envenenándote, aguanta un poco más, Vincent.

Arlés, primavera de 1889

"Esa es la vida" recobran sentido una década después las palabras del viejo predicador, el que te llevó a la cuenca hullera belga sin saberlo, "a veces guijarros en el camino, otras pedruscos, a veces una lisa pendiente, otras, una dura cuesta". "Dios nos quiere felices y libres". No recuerdas su nombre pero has soñado su rostro. Los primeros brotes han llegado a tu ventana. Trae esa euforia de la naturaleza que te recuerda cruel: ¿es esta la vida que soñaste para ti? Has vuelto a ingresarte en el hospital de Arlés. Los "antropófagos", treinta vecinos del pueblo, se dirigieron al alcalde con una carta rubricada por todos ellos. No quieren "al loco pelirrojo", así te llaman, merodeando por sus calles. La policía ha cerrado la casa amarilla con todos tus cuadros. Asilado en el hospital, te sientes más seguro y menos solo.

Recorres los pasillos superiores que dan al jardín. Bajas los veintiséis escalones y encuentras el ángulo más adecuado, tienes el sol a tus espaldas, escoges los pórticos de la derecha para tu lienzo. Un ligero viento mece las hojas, algunas se quedan en tu chaqueta. Voces de una conversación lejana te llegan del piso superior entre el canto de algún pájaro.

Borbotea el agua en la fuente central que ocupa el extremo izquierdo de tu lienzo, en la caseta del fondo sitúas el punto de fuga. Algunos enfermos se detienen curiosos a observarte desde arriba, retumba el paso decidido de aquellas voces ahora cercanas, por el tono firme, son doctores. Cargas tu pincel de amarillo y coloreas los pórticos.

Hoy, 23 de marzo, acudió a verte Signac, se traslada a Cassis. Has conseguido permiso para ir a tu casa con él y recobrar las pinturas que quedan, tuvisteis que romper la cerradura con la que la policía selló tu casa. A pesar de los estragos que había causado la inundación en tu hogar y en tus pinturas, te mantienes calmado y decidido. La compañía de tu amigo te infunde seguridad, curiosamente se le tiene por un hombre de carácter explosivo y no hallaste en él más que una agradable charla. Coges tus dibujos y cuadros, tal como contaste a tu hermano, pero callaste que en un arrebato intentaste ingerir aguarrás. Signac se apresuró a devolverte al hospital.

Una penitencia lenta y limpia para tu mente cansada te vigoriza. Aquí puedes ser simplemente. Te escudriñan a ratos, los otros enfermos, con cierta desconfianza, la que provocan la enfermedad y la soledad. Pero te sientes seguro, a salvo de ti mismo y de tus temores, qué calma tras los baños helados. Te han vuelto los ataques, dos veces más, al menos. Ahora no escribes. Ahora no pintas. Sabes que estás sanando y volverás con más fuerza. El doctor te atiende. Percibes su compasión. Enloqueciste de incomprensión y miedo, un miedo capaz de horadar el intestino, el miedo al abandono, a revivir el dolor, a empezar de nuevo solo. Enloqueciste por falta de ternura. Qué lejos quedaron las caricias de enamorado, los abrazos fraternales, qué lejos quedaste tú, Vincent. No mires aún el espejo.

Théo se ha casado en Amsterdam. De la amistad con los Bonger ya entreviste el matrimonio que se acaba de celebrar. Esto te anima, no puedes verlos de momento, pero compartes su felicidad. Es 18 de abril.

El doctor Salles te está buscando otro lugar donde internarte, en Saint- Rémy, a 27 km de Arlés, no te aceptarían por menos de 100 francos y no podrías salir a pintar. Esperas encontrar un lugar por menos de 70.

Poco a poco puedo llegar a considerar la locura como cualquier otra enfermedad, escribes a tu hermano. Vas asumiendo tu naturaleza, intentas convencerte, hubo muchos otros que te precedieron y tuvieron que incluirla como parte de sí mismos, no puede acompañarte como una sombra, incontrolable y desdoblándote en otro ser. El diagnóstico que hará Peyron no es más tranquilizador: "ataque de naturaleza epiléptica". En cualquier caso, ahora forma parte de ti, podría alejarte de lo que más amas, la pintura, como ya lo ha hecho en tus últimas crisis. Te infunde más fuerza. Empieza la arena del reloj a caer. Antes de que se agote, habrás concluido tu gran testamento.

Terminas tu escueto equipaje, ocupan más tu caballete y tus pinturas. El Pastor Salles te está esperando abajo. El tren de la compañía P-L-M os llevará a Tarascon. Allí tomáis un carro que comunica Orgon y Saint- Rémy-de-Provence. Has decidido tu internamiento voluntario por consejo del pastor. El ostracismo era la única salida en una tierra que se mostraba hostil. Lamentas dejar atrás a los Roulin, al doctor Rey y tu casa amarilla.

CAPÍTULO 7

Saint- Rémy, primavera de 1889

El cochero ha detenido los caballos. Asomas la cabeza dejando a un lado la capota, una verja de hierro te separa de tu nuevo hogar: el asilo para alienados del Claustro de Saint-Paul. Te recuerda a los orfanatos de los cuentos de Dickens. Un ligero temblor en la nuez, tendrás que despedirte del reverendo, sientes deseos de volver con él, a cualquier lugar, a algún lugar conocido. Juntos os entrevistáis con el doctor Théophile Peyron, director del manicomio. Contestas a todas sus preguntas con juicio y serenidad, solicitas dos habitaciones: una como taller y otra como dormitorio. Las tendrás, hay 30 desocupadas.

En el ala de los hombres, entras en tu habitación orientada al oeste: una cama de hierro junto a la ventana, un sillón desvencijado y un escritorio. Descorres las cortinas verdeagua salpicadas de rosas. Entre las rejas, divisas el horizonte, al otro lado de la tapia que cerca el pequeño campo de lavanda, lirios y girasoles. A la izquierda se mecen las espigas aún no tostadas por el sol, al fondo se sitúa una cabaña. Encuentras sentido a tu estancia allí, la naturaleza ya ha pintado tus lienzos antes de que llegaras.

Sor Epiphane te da la bienvenida. Su sonrisa, aunque bondadosa, revela en ese gesto que es la madre superiora de esta comunidad religiosa, las hermanas de San Vicente de Paul y de San José de Vesseaux. La hermana Claudel te guía con un farol hacia las otras estancias, el hospital tiene capacidad para cien personas, la mitad hombres y la otra, mujeres, las atienden unas veinticinco entre hermanas de la orden y personal laico. Te presenta al señor Charles Elzéard Trabuc, guardián jefe del asilo: ojos vivaces bajo cejas negras, bigote recortado y poblado, rostro enjuto y surcado bajo las mejillas. Te ha caído bien, pese a su porte austero, tal como lo pintarás en septiembre -cuello impecable blanco, chalequillo celestón abotonado, chaqueta de finas rayas- fue cálido su estrechar de manos. Mientras te acompaña, te indica alguna de las normas, a las 6 horas los guardias en el sector de hombres; las monjas, en el de mujeres, despiertan a los internos. Pasan revista: desperfectos, ropa sucia y estado de salud, si lo creen necesario, envían a la enfermería al que lo requiera. Se hacen las camas, breve aseo personal y desayuno media hora después. Te pregunta si eres creyente, dudas antes de asentir sin convicción, hace tiempo que dejaste de preguntártelo aunque no olvidas rezar. Te explica que los guardias acompañan a misa a los autorizados por el médico, en la capilla a las 7 horas se celebra la Eucaristía en bancos separados para hombres y para mujeres. A las 12 horas se sirve el almuerzo; a las 17, la cena. A las 19 horas todos deben estar acostados, los horarios se amplían en verano. El resto del día transcurre en trabajos organizados y meticuloso aseo personal así como revisiones médicas y tratamiento de hidroterapia. El resto ya lo irías sabiendo, sentiste cierta aprensión, te preguntaste si habrías perdido para siempre tu libertad, Trabuc debió notarlo y con una fugaz palmada en el hombro te comunicó que pronto te autorizarían a pintar. Más adelante, incluso fuera del recinto. Acababais de establecer un vínculo que se mantendría durante un año y una semana, tu estancia allí.

Saint- Rémy, verano de 1889

Me hace falta una noche estrellada con cipreses, escribiste a Théo hace ya un año, la pintaste sobre el Ródano, con luciérnagas bailando en el agua, ahora encuentras tus cipreses.

8 de junio. Hace un mes que llegaste, tus pensamientos suicidas han desaparecido, informa en unas líneas el doctor Peyron a tu hermano, has vuelto a pintar y a comer, de esta última crisis solo quedan malos sueños mientras duermes. Si la noche no llegara, podrías acallar tus miedos en algún rincón, incluso olvidarlos. Si la noche no llegara, no cabrían tus pesadillas, ni la voz inconsciente, luchando contra ti mismo, odiando cada minuto por no ser como los demás. Si no hubiera noche, Vincent. Quisieras ser trigo, parte de la tierra y volver a ella. Sin pensar. Sin temor. Pero te has comprometido, contigo y con el mundo, el arte ya no te pertenece solo a ti, quieres que tus lienzos sean acogidos y comprendidos. Nostálgico del color y de la luz, te sientas y pintas a ratos, para no cansarte. No hay tiempo para la vejez.

Como una lluvia fina y continua te vas aferrando a la vida.

Ya no te asusta la locura, también la sufrió Monticelli y no por ello sacrificó su arte, se puede morir de esto como de tisis o de sífilis, reflexionas en una carta a tu hermano. Te someten a hidroterapia, dos baños de dos horas cada uno semanales, tu estómago mejora, a pesar de que la comida se basa en garbanzos, habichuelas y lentejas, a veces con un poco de moho. Contemplas cómo los infelices aguardan entusiasmados ese momento, el de mayor ocio teniendo en cuenta que no hay más que un juego de bolos y uno de damas. Ningún libro. Ya releíste a Zola, Maupassant y Voltaire, echas de menos a Shakespeare, pides a Théo una edición barata, no más de 3 chelines. Le envías una docena de dibujos que tienes preparados. Tu propio cuerpo te incomoda, la falta de higiene te provoca continuos picores, la piel irritada solo se calma en el agua, aunque te sientes abandonado en aquellas bañeras frías, el suelo húmedo, resbaladizo. Las manchas verdosas salpican el techo, arrugas los ojos, imaginas que componen un cuadro en busca del gris sobre un lienzo blanco, te vas relajando y consigues evadirte de tu desamparo.

"Los pensamientos que recomiendan la resignación nos consuelan diciéndonos que no somos el primero de los cautivos de la fortuna y que no seremos el último". Acto V, escena V. *El rey Ricardo II.* Lees la edición inglesa que te ha enviado tu hermano de la serie de los reyes, así practicas tu inglés: *"He abusado del tiempo y ahora el tiempo abusa de mí, pues el tiempo me ha tomado por el reloj que marca sus divisiones; mis pensamientos son los minutos, y mis suspiros son el*

161

tictac que marca la hora sobre mis ojos". Comparas la ternura por la aflicción del ser humano con la que muestra Rembrandt en su pintura, deber haber mensajes cifrados en todas las obras de arte, emitirlos es tan apasionante como interpretarlos. También tú sientes la desgracia del hombre contra el tiempo.

Llevas cuatro días sin comer con la garganta inflamada, no estás en condiciones de ir a París, como no sea a Charenton, el conocido manicomio. Has estado *extraviado como en Arlés, si no peor,* te aterra que se repitan estas crisis, como parece, te cogió pintando en el campo, un día de viento de julio. Has vuelto a trabajar un poco en los paisajes que divisa tu ventana, el mejor remedio contra tu enfermedad. Llevas seis semanas recluido en el recinto, se te prohíbe pintar en el taller por tu tentativa de ingerir pinturas tóxicas durante la última crisis.

Pissarro escribe alarmado a su hijo Lucien: ¡9000 francos por un Monet! Théo lo ha vendido a un americano, los impresionistas se van haciendo un lugar en el mercado también al otro lado del océano. Recibes carta de tu hermano con un billete. Cor se ha marchado a Transvaal, al sur de África, antigua colonia holandesa. Comprendes la pesadumbre de tu madre y de Will pero las animas, como tantos otros se marchan para encontrarse a sí mismos, quizás allí tu hermano pequeño (apenas pasa de los veinte) encuentre su felicidad. Lo comparas con el peregrinaje a la

Martinica de Gauguin, le deseas que tenga mucha suerte en su empresa.

Estás retratando a Trabuc. Te comenta que estuvo en Marsella, trabajando en el hospicio, en período de cólera, cobra más heroicidad su talla, algo en él te recuerda a tu viejo amigo Roulin, y no solo que ambos se hubiesen instalado en aquella ciudad. Quizás sea la energía, la fuerza vital constante y el ánimo que mantiene inalterable, como un estado natural. Ansías ese equilibrio, a salvo del decaimiento tan temido por ti, tenerlo cerca, como a Roulin, te recuerda que es posible vivir así.

Que la familia sea para ti lo que es para mí la naturaleza, escribes a Théo, consuelo y posibilidad de reconstruirse, si la salud y el desaliento hicieran mella en su espíritu. Te alimentas y te cuidas más ante el temor de que una crisis aniquile para siempre tu capacidad de pintar. Llevas copiados siete de los diez *Trabajos de campo* de Millet, te relaja hacerlo, ahora que no tienes modelos. Has terminado *El segador*, una imagen de la muerte, como aclaras a Théo, de espaldas, sin rostro, segando los minutos como espigas, la hoz se convierte en un péndulo marcando las horas que restan a una nueva crisis. Se va despidiendo el calor. A veces se encuentran cucarachas en el comedor, podría ocurrir en otros sitios pero su contemplación vuelve más miserables a sus inquilinos. Si has llegado a ese grado de enajenación no has sido consciente, te inclinas sobre tu sopa como uno más.

Saint- Rémy, otoño de 1889

Recibes noticias de tu madre, se han instalado en Leiden, le envías varias telas, pueden hacer con ellas lo que quieran, incluso repartirlas con tus otras hermanas, pero preferirías que tu madre las guardara. Esperas que cobren más valor con el tiempo y adquieren más relevancia juntas, sabes que ocupan mucho sitio, así que lo dejas a su elección. Cor les ha escrito, tuvo un buen viaje por lo que cuenta, África debe asemejarse a lo que narraba Gauguin acerca de Brasil y de Panamá. Ignorabais, él no, el estallido inminente de la guerra que enfrentaría a ingleses y bóers, los colonos holandeses. Allí, diez años después de ti, Cor se reunió consigo para siempre. Su muerte se consideró una baja de guerra en las listas de la derrota, las del ejército bóer, aunque los indicios de un suicidio fueron demasiado evidentes. Isaäcson también marcha a Transvaal, la colonia holandesa que, junto con Orange, ha declarado la guerra el pasado 9 de octubre a los británicos. Le escribiste para agradecerle su encendida reseña en un periódico holandés acerca de tus pinturas, pero prefieres que se abstenga de tales elogios, estás convencido de que no harás nada grande, esperas que lo consigan las generaciones posteriores. Te entusiasma el olivo, le escribes, lo habrán convertido en objeto de culto, quizás

Monet o Renoir, no lo has visto pero ofrece tales posibilidades que no es posible que lo hayan ignorado. Te deleitas en explicarle los colores que adquieren a las distintas horas del día como tornasoles: violetas, en los amaneceres de invierno; anaranjados en las tardes de sol; grises azulados tras la lluvia, como espejos oscilantes por el viento. Aunque no os conocéis en persona, sí a través de Théo, compartís ideas similares acerca de la pintura holandesa clásica y la contemporánea francesa. Te preguntas el efecto que causa esta naturaleza en el ser humano, imaginas que reside en la pureza de espíritu y mente, en la sensibilidad para percibirla, reflexionas sobre cuál sería la visión de Da Vinci o de Miguel Ángel. Continúas con tu idea de potenciar los colores de los lienzos por agrupación, propones a Théo enmarcarlos en trípticos. Por ejemplo, *La arlesiana* en medio y dos telas de girasoles a ambos lados, así los amarillos reforzarían el naranja del centro. De esta forma la exposición de tus obras no sería individual, ni ajena al marco o al color de las paredes.

Mamá te escribe, le gustaría volver a aquellos días en los que estaba rodeada de vosotros, siente la vejez y la soledad más presentes ahora que se ha mudado, la consuelas, al fin y al cabo, estás donde quieres estar y donde te conviene para tu trabajo, igual que Théo. Quizás se hayan desatado estos pensamientos por los planes de tu hermana pequeña, Will ha pensado en trasladarse a París cuando nazca el niño para echar una mano a Jo. Empiezas a leer a Homero.

Saint- Rémy, invierno de 1889

Sigues pintando al aire libre, a pesar del frío de diciembre. El Mistral suele dejar un respiro a la caída de la tarde que aprovechas para experimentar con los violetas, rojizos y tibios anaranjados. Georges Poulet, el enfermero, te acompaña como de costumbre, ha aprendido a apreciar tu arte, a veces asiente silencioso, cuando le muestras una tela terminada. Describes a Théo tus trabajos actuales -cipreses, olivos, veredas-, empleas una pincelada esparcida de color sobre aguada de aguarrás para ahorrar pinturas, incluso has simplificado la paleta para usar menos tubos. De todos modos, con el cambio de estación, se van sucediendo los tonos discretos en la naturaleza, *Paisaje en la cercanía de Saint-Remy* es una muestra de la supresión del color, uno de los óleos sobre tela que regalarás a quien se convertirá en pocos meses en tu médico y amigo: el doctor Gachet. Robada dentro de cien años, en el catálogo de tus obras figurará *en paradero desconocido*. Envías paquetes con telas a Théo, algunas no del todo secas, ciertas pinturas, como *Campo de trigo en la lluvia*, ni las debe mirar si no están montadas sobre los bastidores y enmarcadas en blanco, de lo contrario, no podrá apreciar los contrastes. Con predominio de verde y gris,

166

pintaste desde el taller la lluvia batiendo en las ventanas, aspirabas el olor a trigo húmedo y volvías a cerrar para que no salpicara las telas que habías puesto a secar.

El doctor Peyron te ha adelantado 10 francos, te gustaría también darle algo al portero en Año Nuevo. Tienes poca ropa pero abriga, una chaqueta de terciopelo y unos pantalones para moverte por allí, usas siempre la misma para pintar así que podrás aguardar hasta primavera para renovar tu vestuario. Te preocupa causar más gastos a Théo, así que vas ahorrando en todo lo que puedes, crecerá la familia en breve y a los acuciantes gastos no quieres añadir más. El embarazo de Jo transcurre sin contratiempos, te alegras enormemente, te apena que quede París tan distante. Demasiado tiempo sin ver a tu hermano. *"¡Ojalá estuvieras en las naves sin llanto ni pena, ya que tu vida ha de ser corta, de no larga duración! Ahora eres juntamente de breve vida y el más infortunado de todos!".* Cierras el Canto I de *La Ilíada* y te quedas dormido.

Te han privado de tus óleos, has sufrido un nuevo ataque, solo se te permite dibujar. Profunda es la noche que atraviesas pero al cabo volverá la luz y el color. Mientras, resiste.

Escribes a tu madre, le felicitas las navidades, no sabrías decirle cómo te encuentras de tu enfermedad, hace un año que estalló tu crisis pero sabes que allí estás más seguro y, de haber sido consciente del sufrimiento que ibas a causarte a ti y a tus allegados, te hubieras ingresado antes. En fin, es humano equivocarse, al menos gozas de lucidez para reconocerlo, estás convencido de que el inminente nacimiento de tu sobrino será savia para todos.

Saint- Rémy, enero de 1890

"Lo que caracteriza su obra en conjunto es su exceso de fuerza, de nerviosismo, su violencia de expresión". Escribe en *El Mercurio de Francia* Albert Aurier bajo un acertado título: *Los aislados: Vincent Van Gogh*. Aún no estás satisfecho de tu arte, si hubieras conseguido liberarte de la realidad y crear con el color, habrían cumplido un cometido estas líneas en el periódico. "¿Cómo podríamos explicar *El sembrador* sin tener en cuenta la obsesión que atormenta su cerebro sobre la necesaria venida de un hombre, un Mesías, sembrador de la verdad que regenere la decrepitud de nuestro arte y de nuestra imbécil e industrial sociedad?". Te halaga pero su exceso solo te condiciona, no te encuentras con fuerzas para enfrentarte al público, prefieres el trabajo solitario del artista desconocido, así puedes pasear con tu caballete y tus pinturas por el Mediodía sin crear expectativas. Como muestra de tu agradecimiento le prometes un cuadro de cipreses, uno de los emblemas de Provenza, que enviarás en el próximo paquete a Théo. Te despides esperando conocerle la próxima primavera en París, doblas la carta, la introduces en el mismo sobre que diriges a tu hermano y le pides que se la haga llegar.

Théo ha seleccionado diez obras tuyas para el Salón de los Independientes y te han invitado a exponer en el Salón de los Veinte en Bruselas, inaugurado hace tres años. Aunque no muestras optimismo alguno, tu obra empieza a conocerse fuera de las paredes de la galería de Montmartre y del apartamento parisino de tu hermano. A comienzos de mes enviaste a Marsella *Cabaña blanca entre los olivos*, un óleo en negro sobre lienzo. Tu amigo Roulin te lo agradece y lo conserva durante un tiempo hasta que se exhibe en París, te sorprendería saber que en el siglo venidero reposará en una colección privada en tu soñado Japón.

Arranca el año entre reflexiones por tu última crisis. Escribes a los señores Ginoux, deseando la pronta recuperación de la señora que reposa en cama, piensas que la enfermedad existe para recordarnos la materia de la que estamos modelados, incluso reconoces que te ha hecho bien pues te centra la mente en lo que realmente importa. Sin la ayuda de tus amigos, hubieras muerto o enloquecido. Valoras la generosidad humana y tus horas de lucidez, cada ataque te obliga a recobrarte y a comprender que solo tu trabajo te sanará. No hay otra opción. No hay tiempo que perder. El sufrimiento también forma parte de la vida y te muestra quién eres. Así lo entiendes y así lo escribes a tus amigos de Arlés, esperas visitarlos pronto, cuando te encuentres bien, quieres ir a fines de mes, tendrás que pagar los meses que debes por los muebles que te mantienen guardados, unos 30 francos, calculas, ya que tu hermano no tiene sitio, quizá a

Gauguin le vinieran bien. Uno de los empleados de Saint Paul te ha comentado que en Montevergues, el manicomio en la colina situada a 5km de Avignon, la estancia es más barata, incluso te dan la ropa y los asilados trabajan la tierra. Se lo propones a tu hermano, no se está mal aquí aunque al reverendo Salles en la última visita que te ha hecho le has urgido a que no lo recomiende a nadie. Demasiado tiempo libre, te esfuerzas por mantenerte ocupado pero ¿y los otros? Cuando contemplas algunos de los ataques que sufren tus compañeros, no puedes pensar más que en marcharte de allí si quieres conservar intacta tu razón.

"Los dioses condenaron a los míseros mortales a vivir en la tristeza, y sólo ellos están descuitados. En los umbrales del palacio de Zeus hay dos toneles de dones que el dios reparte: en el uno están los azares y en el otro las suertes. Aquel a quien Zeus, que se complace en lanzar rayos, se los da mezclados, unas veces topa con la desdicha y otras con la buena ventura; pero el que tan solo recibe azares, vive con afrenta, una gran hambre le persigue sobre la divina tierra, y va de un lado para otro sin ser honrado ni por los dioses ni por los hombres." Canto XXIV *La Ilíada*. Estalló una nueva crisis a tu regreso de Arlés, el doctor Peyron le escribe a tu hermano el día 29 de enero, dos días después, más sereno, respondes con una carta más breve que de costumbre a Jo. Te había redactado unas líneas el miércoles por la noche, la víspera del alumbramiento, con las primeras contracciones. Théo, tu madre y Will están alrededor de la mesa, en un arrebato de temor por lo que pudiera suceder, te confiesa que si ella

faltase, le digas a tu hermano que nadie en la tierra ha podido amarlo tanto como ella, se pregunta si será capaz de hacerlo tan feliz como él la hace.

Ha nacido Vincent Willem Van Gogh, te escribe eufórico tu hermano con fecha del último día de enero. Como regalo pintarás para tu ahijado flores de almendro, símbolo del renacer en la primavera francesa, el fondo es de un azul intenso, emulando los que acompañan a los cerezos japoneses. Te alegras por ellos y por ti, al menos un descendiente que llevará tu sangre.

Gauguin te ha escrito, su exposición en Dinamarca ha gozado de enorme éxito, sientes que no se quedase más tiempo junto a ti, hubieras producido más. Estás preparando telas para la exposición impresionista del mes próximo pero aún no se han secado, si no diera tiempo, le encargas a Théo que seleccione las que quiera de la trastienda de Tanguy. *El viñedo rojo* se ha vendido en Bruselas por 400 francos. Anna Bosch, hermana de Eugéne lo compró, te parece poco, pero te enorgullece poder ganarte el pan con tus manos. Recuerdos a Cor, incluyes en la carta a tu madre, le comentas el impacto que te ha causado el artículo de Aurier, te preguntas por qué escribe sobre ti y no sobre otros cuando hay tantos haciendo lo mismo. Al señor Ginoux le escribes que te gustaría volverlos a ver aunque tu indisposición de la semana pasada te lo ha impedido. No sabes cuándo será posible, también tienes que ir a conocer a tu sobrino, deseas una pronta recuperación para madame Ginoux.

Necesitas ropa, un pantalón y un par de zapatos, al menos. Con un jersey podrás apañarte todo el año. Te lo han fiado, 35 francos que deberás abonar antes de que acabe el mes siguiente. Te satisface estrenar algo después de tanto tiempo, jovial te paseas con él para ahuyentar la miseria que te rodea.

Un nuevo ataque, Vincent. Regresaste a Saint Rémy en un carro, no se sabe dónde pasaste la noche, solo que fuiste a Arlés con un cuadro de una arlesiana y nunca más volvió a verse. Peyron escribe a tu hermano, es 24 de febrero, esta vez tu ataque durará más. Queda demostrado que estos viajes son perjudiciales para tu salud.

Jo ha visto tus cuadros en el Salón de los Independientes, pudo sentarse durante quince minutos y disfrutarlos mientras Theó cuidaba al pequeño. Transcurre un marzo suave.

Saint- Rémy, primavera de 1890

Théo recela, no hay signos de tu enfermedad, todo lo que te recuerda al pasado te vuelve triste y melancólico. Te quedas a veces callado, con la cabeza apoyada en las manos, sentado rechazas con un gesto a quien se acerca. Quieres estar solo. No respondes a las cartas, muestra de que no recobraste tu fortaleza y calma. Peyron considera que aún no te has restablecido del todo.

Hoy 29 de abril has vuelto a escribir después de dos meses inoperante. Encargas un listado de pinturas: ultramarino, verde esmeralda, cobalto, tubos de blanco zinc, pinceles, laca, 10 metros de tela. Has perdido demasiado tiempo, vas atrasado, febril te entregas a una nueva serie, no puedes continuar los almendros en flor que comenzaste antes de la última crisis, comienza la época del fruto, lavas con agua fría los lienzos, barnizas cuando los empastes están secos así no se saldrán los negros cuando el aceite se haya evaporado. Le ruegas a Aurier a través de Théo que se abstenga de elogios, no tienes fuerzas para asumirlos.

Estoy triste y embrutecido más de lo que sabría expresarte y no sé ya dónde estoy. Van aumentando tus deseos de abandonar el Midi, estás convencido de que aquí te asaltará otra crisis, quizás instalarte en Auvers- sur- Oise, el pueblo que te recomienda Pisarro, te salvaría, piensas después en la posibilidad de subir al Norte. Las dudas te asaltan, la

174

inseguridad te hace más vulnerable, sin embargo crees que hacia donde apunta el miedo es la dirección que debes tomar para ensanchar tu mundo.

El doctor quiere huir de responsabilidades, interpretas, 53 semanas internado, 150 lienzos y 100 dibujos, *no puedo soportarlo más, necesito un cambio, aunque sea uno desesperado*, escribes a Théo. Finalmente, tu hermano acepta. Rechazas viajar con un acompañante que él te propone pagar, temiendo un nuevo ataque. El 16 de mayo Peyron se limitó a escribir en su libro de registros: "Curado".

Franqueas tu baúl temprano, treinta kilos de equipaje, contemplas el campo tras la lluvia. En el silencio que te devuelve la tierra húmeda asimilas con angustia los lienzos que han quedado por pintar. Te subes al tren. Mientras se va alejando Saint- Remy tras la ventanilla, crece la esperanza de dejar atrás la enfermedad. Te acurrucas en tu asiento, apoyando la cabeza hacia el cristal sobre tu vieja chaqueta, el vaivén del vagón te adormece hasta que dejas de preocuparte.

Te acomodas en el apartamento de Jo y Théo en París, dos o tres días, no más. Paseas ante la librería amarilla que planeabas pintar con efecto de gas el mismo día de tu llegada, pero no te encuentras con fuerzas. Te sientas en los poyetes que delimitan el Sena, el frío que te devuelve la piedra te provoca un leve escalofrío casi placentero, estás vivo, a pesar de todo, de tus decepciones, de tu frustrado encuentro con la ciudad, sufres desubicado entre los tuyos. Envías una carta a los Ginoux para pedirles que te envíen algunos muebles al número 19 del Boulevard Montmartre, Maison Boussod & Cie.

CAPÍTULO 8

Auvers- sur- Oise, mayo de 1890

De Saint- Remy a Auvers, pasando por París. El tren te ha alejado del bullicio y del ruido de la ciudad que no has podido soportar: los cafés atiborrados de los boulevares, los viejos amigos acudiendo al reencuentro, las calles en perpetuo trasiego. Lautrec parlotea entusiasmado del nuevo cabaret que abrieron en octubre, *Le Moulin Rouge,* de sus mujeres, del baile escandaloso, de su cuadro pintado dos años atrás que da la bienvenida en el vestíbulo, *En el circo Fernando,* con Suzanne de amazonas en movimiento, de la basílica blanca en construcción, la colosal *Sacre Coeur,* pero el mercado del arte sigue anquilosado y los marchantes de cuadros como Théo tienen que abrir un hueco a codazos en este mundillo para los nuevos maestros. Tres días tan solo has permanecido allí.

Has encontrado bien a Théo y a Jo, a pesar de que el pequeño está débil, confías en sus cuidados, es una mujer sensible y con gran sentido común, le escribes a Will. No has respondido a sus dos últimas cartas, no te sentías con fuerzas. Te disculpas. Aquí has encontrado a un hermano en el doctor Gachet, psiquiatra y homeópata, viudo desde hace años, amigo de los artistas a los que hospeda y reúne en casa, en su jardín cuidado, alrededor de la mesa roja de la entrada, de los nomeolvides y las dalias, te acoge con charla distendida. Margarita y Louis- Paul, sus hijos, saludan afables pero no se sientan con vosotros.

Auvers es un lugar agradable. Cae la tarde, teñida de una nostalgia extraña, quizás el ruido no está en la gran ciudad, ni en el gentío, pero es más fácil encontrar tus silencios a solas. Ahora el espacio, blanco y puro, deja un hueco en tu mente para pintar, solo pintar: las espigas, el heno antes de llegar al cementerio, el Ayuntamiento, justo en frente de tu hospedaje, en la pensión Ravoux. En el albergue Saint- Aubin recomendado por Gachet, te pedían 6 francos al día, demasiado. Te vas encontrando en el canto tardío de los pájaros como en casa, no en tu pequeña habitación de alquiler de tres con cincuenta francos la noche, sino en ti mismo, a vueltas de la locura que no osaban nombrar en Saint-Remý.

Debes trabajar con valentía, te ha recomendado Gachet, y no pienses en nada de lo que te hace mal. Ahora que has conocido a Jo, encabezas las cartas dirigiéndote a los dos. Les envías tu nueva dirección: Place de la Mairie, chez Ravoux, les pides que te envíen 20 láminas de papel Ingres, hay mucho que dibujar aquí, y 12 tubos de blanco zinc. Te sientes un poco mal, confiesas, no puedes hacer nada sobre tu enfermedad, la serenidad vendrá cuando avance tu trabajo. No regresarás al pasado, las cosas irán mejor aquí, estás convencido. Agradeces a tu hermano y a su esposa los 50 francos que has recibido, Auvers es caro. Has estado el domingo en casa del doctor, pintando y cenando, puedes pagarle con tus pinturas. Te pide que seas franco con él, que si sientes el abrazo de la melancolía, él puede disminuirla. De momento te sientes bien. Vives el presente, te acuestas a las nueve y te levantas a las cinco de la mañana. Sí, aumenta el vértigo al reunirte contigo, podemos ser nuestro peor enemigo, al fin y al cabo, estamos solos, Vincent, algunos se sumergen en el caos frenético y olvidan que morimos. Tú estás aquí, mirándote, no importa si lo has elegido o no, son muy pocos los valientes que se saben expulsados del paraíso, algunos nunca despiertan. Solo cuando es tarde y ya no hay remedio.

Auvers- sur- Oise, junio de 1890

Querida Madre, te has decidido a escribirle, le explicas que necesitabas este cambio para conservar tus energías, para no perderlas protegiendo tu sentido común de la influencia que ejercían en ti las enfermedades de los otros, allá en Saint-Rémy de Provenza. Le comentas la primera impresión que te causó Théo en la estación a tu llegada a París, más pálido que de costumbre y con una tos que entrecortaba su discurso, lo achacas a su ocupada vida y a la falta de descanso. Te ha contado noticias de Cor, le envías tus mejores deseos a través de vuestra madre, te disculpas, no le escribes porque vuestras profesiones son ya tan distantes que no sabrías por dónde empezar.

Continúas situándote aquí, esperas pasar una larga temporada así que vas reclamando tus pertenencias distribuidas entre París y Arlés. No hay envío directo desde París a Auvers, pero sí de París a Pontoise; de allí, entrega diaria a Auvers, así que le pides a Tanguy, a través de Théo, que enrolle tus lienzos, los que continúan en su ático, y te los envíe. Podrías ir tú mismo a Pontoise a recogerlos con Gachet, algún día organizarás una retrospectiva de tu obra en un café. Escribes al matrimonio Ginoux, ellos lo hicieron previamente, la señora estuvo enferma, le deseas pronta recuperación, les ruegas te envíen tus pertenencias, no pudiste ir a Arlés a despedirte, les pagarás todos los gastos, les sugieres que paguen a alguien para que se encargue de los

180

embalajes y así no ocasionarles más trastornos. Comentas que han reseñado tu obra en dos periódicos: uno, en París; el otro, en Bruselas con motivo de una exposición. Parece que es el principio de una nueva etapa, desde que dejaste de beber produces más. Les hablas de Gachet, sus visitas dos o tres veces por semana para observar tu salud y tu trabajo, te sientes satisfecho. El cambio fue para bien. Para que no haya equívocos les envías tu dirección. Cordialmente firmas.

14 de junio. Al fin tienes noticias de tus muebles, el señor Ginoux estuvo en reposo por el envite de un buey mientras ayudaba a descargarlo, parece que este sábado los recibirás. Continúas tus estudios sobre la cosecha, una serie al aire libre de amapolas en alfalfa, el rojo salpicando el verde.

Despedirse de lo que una vez nos perteneció forma parte de nuestras vidas, pero no siempre podemos dejarlo marchar en paz sin apegarnos a su ausencia. Elogias a tu madre por haber sido capaz de hacerlo, regresó a Nuenen, dio gracias por lo que disfrutó y reza para que sean ahora otros los que aprendan a valorarlo. Dicen que pintar un cuadro o escribir un libro es como tener un hijo, dudas de que sea cierto, en cualquier caso, continúas la carta a tu madre, a pesar de que lo natural y lo más valioso no lo obtuviste, trabajarás por entregarte a tu obra. Se han instalado junto a tu casa una familia de pintores americanos, pintan a diario, aún no has visto su obra.

16 de junio. Ha llegado el pintor holandés Anton Matthias Hirsching, De Bock, también pintor, se lo presentó a Théo y lo animaron a instalarse en el mismo pueblo que tú, Fontainebleau no es lo que esperaba. Le recomiendas Le Pouldu, en la Bretaña, junto a Gauguin, Sérusier y De Haan,

quien lo ha ayudado durante su penuria económica, allí se puede vivir con 3 francos al día, dos menos que aquí. Pretenden marchar a Madagascar, estás de acuerdo en que el futuro del arte está en los trópicos: Java, Martinica o Brasil pero no te ves ni a tu hermano ni a ti como esos artistas que otorgarán un gran giro. Entiendes que es imposible dar la espalda a París y sus tendencias, debe producirse una paulatina transición, quizás sea beneficioso para Gauguin pero depende de los ingresos que consiga. En realidad, hasta dentro de un año, no hará realidad su proyecto. Le explicas en una carta tu necesaria marcha al campo, lejos de París, un acierto, estás progresando, *qué difícil es ser sencillo* trascribes las palabras de tu psiquiatra y amigo, si a ellos no les importa, te gustaría visitarlos, en un mes podrías realizar un par de marinas de la aldea de pescadores en la que están instalados. Por tu parte, estás experimentando con el aguafuerte con satisfactorios resultados, Gachet te deja su prensa, a él también le entusiasma pintar en metal, así que posa para ti, fumando, perdido el humo de su pipa entre los árboles y las vallas que delimitan su jardín. Este proceso, poco refinado, según Théo, pero interesante y de moda, también le agrada a De Bock. Tras visitar el apartamento de tu hermano, te propone un intercambio de lienzos, si no te gusta el que te va a enviar, se lo puedes devolver. Théo te sugiere que aceptes.

Gachet está entusiasmado con el retrato que le has pintado a óleo, cargado de melancolía, destacas sus manos de obstetricia, la paciencia tras su afán nervioso e impulsivo. Estáis en el jardín, la tarde es fresca. Apoya la mejilla en su mano derecha. La izquierda, junto a una digital, hierba medicinal que emplea para lesiones cardíacas, reposa en la mesa bermellón de madera, grande, robusta, sobre la que luego servirá la cena Margarita, cada vez más encantadora esta chica a tus ojos. Se ruboriza incluso cuando elogias los tomates que ha preparado con las yerbas aromáticas de su huerto. Gachet te dedica una mirada fugaz, entre preocupado y desafiante, como padre celoso de su don más preciado pero es difícil juzgar tu espontaneidad así que proseguís vuestra conversación distendida. Se desliza una gota, tras la llovizna de la tarde, a través de las hojas pequeñas de los tilos, sobre tu cabeza provocándote un leve estremecimiento.

La pintas al piano, como una dama distinguida en su porte; en el jardín, como una novia, vestida de blanco, entre rosas blancas y pálidas margaritas, la joven Margarita a sus casi 19 años está radiante y exultante. Tu ánimo, también. Realizas una copia del retrato de su padre, como casi siempre le das una versión al modelo, la otra, para ti. Contrastan los tenues de una, pálidos naranjas, celestes cenicientos, con los intensos de la otra en busca del rojo y del azul prusia.

22 de junio. Margarita Gachet cumple años, menos de quince minutos has tardado en recorrer las calles que separan la pensión de la casa de tus amigos, ¡qué especial la haces sentir! tu sola presencia, las sonrisas cómplices, las miradas furtivas. Os une la sensación de que vuestros padres no tuvieron más amor que daros al nacer Paul o Théo, respectivamente. Ambos sentís una continua sensación de estar relegados. Madame Louise Chevalier, el ama de llaves, ya se lo advirtió al doctor, es conocida vuestra amistad en el pueblo, pero se alarma tu amigo cuando percibe tu interés cada vez más delator. Pintarla sin su permiso, en el jardín, como una joven el día de su boda, ha despajado las incógnitas.

30 de junio. Gachet ha visitado a Theo, aunque los clientes no le dejaron un respiro para atenderlo como deseaba, estás recuperado, afirma satisfecho, no hay motivos para temer que vuelva la enfermedad. El doctor los ha invitado a que vengan el domingo, Theo no se ha comprometido, depende del tiempo, tomarían el tren de las 10:25 que llega a Chaponval una hora después. Allí los recogería Gachet. De vuelta, el de las 5:58 de la tarde sería el más conveniente, no quieren que les caiga la noche, por el pequeño, ha estado tan enfermo que su llanto atravesaba las noches y a ellos mismos. La leche de vaca era venenosa para él, cambiada por la de burra, se va recuperando y la confirmación tranquilizadora del doctor a Jo: "no vas a perder a tu hijo por esto", les ha devuelto la alegría. Te proponen que pases el domingo con ellos en París, están pensando en cambiarse de apartamento, incluso en el mismo edificio, en la primera planta o quizás marcharse a Holanda, con vuestra madre, o a Auvers. Las penurias económicas de los pintores siguen. Le ha embolsado a Gauguin sus dos cuadros vendidos, Pissarro no puede pagar el alquiler y Jo sigue haciendo cuentas para pagar los gastos, Valadon y Goupil son los nuevos negreros. *Has encontrado tu camino*, te escribe, y *yo estoy viendo el mío gracias a mi querida esposa.*

Auvers, julio de 1890

En Auvers un mar amarillo es posible, un sol derritiéndose en las espigas, deslumbrando los ojos, el verde a la deriva y un horizonte de tormenta. Los trigales, como el hogar reencontrado, te confortan. Estáis sentados Anton y tú a la misma mesa que los Ravoux, aunque la señora no para de dar paseos a la cocina para serviros. En el salón de la pensión, coméis vuestra ración habitual: legumbres, pan y algo de arroz. Charláis en las sillas de madera oscura, los visillos de lino blanco os protegen del sol. Hirsching, sentado de espaldas a la puerta de salida y al reloj que marca el mediodía; tú, de cara a los ventanales, divisando el Ayuntamiento que pintarás el día de la Toma de la Bastilla. A tu derecha se sitúa un enorme espejo rectangular que agranda la estancia; a tu izquierda, un botellero que abarca todo el testero, inservible para ti. Ya no bebes.

En las actuales circunstancias, hubiera esperado alguna línea de vosotros en estos primeros días. Tu visita a París el pasado 6 de julio se estaba convirtiendo en un encuentro con tus amigos pintores, quizás alguna puerta se abriría para tus cuadros, pero la intención de Jo era bien distinta. El pequeño seguía enfermo, necesitaba recortar o suprimir tu asignación mensual, 150 francos en tres pagos, y comprar medicamentos para el bebé. Aprovechando que se habían marchado las visitas y aún no había llegado Guillaumen, estalló la discusión

185

entre el matrimonio, te marchaste precipitadamente, demasiadas habías presenciado ya en tu infancia. Necesitabas aclararlo, peligraba el pan de cada día. Bien sabían ellos que por tu sobrino Vincent harías cualquier cosa. No esperabas otra decepción así. No ahora, que ya habían remitido las pesadillas y los ataques, que tu aspecto era saludable, superando incluso al de tu hermano, que habías encontrado tu lugar para instalarte. Te planteabas buscar algo más duradero, cuando trajeran tus muebles de Arlés. Y ahora se tambalean tus proyectos, tienes que pagar aún el traslado de equipaje y no sabes si seguirás recibiendo tu asignación mensual de 150 francos.

Al día siguiente les escribes una brevísima carta, les insistes en *una clara definición de en qué posición* estáis. Esperas ansioso unas líneas, desde el domingo no tienes noticias de ellos. Sigues sin obtener respuesta. Insistes. Todos tenéis los nervios de punta. Te gustaría volver a hablar con Théo, más calmados. Respecto a Holanda, un viaje ahora sería lo último que les convendría a todos. Deberían venir a Auvers, al campo, al pequeño le sentará mejor que el acostumbrado viaje a Holanda, tan caro. Hay una pensión cerca de la casa de Gachet, encima de la colina, estarán bien atendidos, claro que ya sabes cómo es mamá e insistirá en conocer a su nieto. Le aconsejas a tu cuñada que, si tienen otro hijo, como esperas que ocurra, deberían instalarse en el campo, al menos hasta que cumpla los tres o cuatro meses. Por salud. Desearías que tu sobrino, que lleva tu nombre *tuviera el alma menos inquieta* que tú, *que se va a pique.*

No hay caminos rectos, ni únicos. Una vereda firme te aguarda, oculta por la maleza. Solo hay que apartarla a un lado, Vincent. No te detengas, algunos setos caídos pueden confundirte, sáltalos. El pincel se te caía casi de las manos, estás trabajando en el *Jardín de Daubigny,* desde que llegaste lo tienes en mente así como visitar a su viuda para presentarle tus respetos. Pero no te has decidido. La pintas, diminuta, de negro entre los verdes que la rodean. Un idílico jardín puede desatar la angustia de no haber alcanzado un pequeño edén.

No te abandones a la autocompasión y al desánimo. Te sentías seguro entre la filantropía y el arte. Primero tu hermano, o Jo, y ahora, Gachet. *Está más enfermo que yo, creo, o deberíamos decir tanto como yo. Ahora bien, cuando un ciego guía a otro ciego, ¿no caen los dos en el foso?,* escribes. Recuerdas el último ataque, terrible. Culpas, en parte, a otros pacientes, el doctor Peyron no lo supo ver, allá quedaste expuesto a ellos. Perdida la confianza en Gachet, temes una recaída.

Recibes carta de Jo, un descanso para tu espíritu.

Pintas los trigales, sin necesidad de esforzarte *para tratar de expresar la tristeza, la soledad extrema.* Quieres enseñárselos pronto a Jo y a Théo para convencerlos de lo que no sabes *expresar con palabras,* que el campo les devolverá la salud y la serenidad.

El miedo, Vincent, la incertidumbre, como viejos compañeros que creías esquivados, han estado ahí, de lejos, aguardando. Míralos, de frente, no dejes un hueco para la pena, lo peor del pasado es que no puedes cambiarlo. Todo el afecto que has dado ha sido un báculo, no lo deseches, arrastra esa angustia antes de que te arrastre a ti y te perfore el ánimo. Pinta, sin mirar atrás.

Querida madre y hermana. Will trabaja en un hospital, te sorprende cómo ha buscado calmar el dolor ajeno. Para mantener la salud hay que trabajar el jardín y ver las flores crecer, mantiene tu madre. Le escribes que has encontrado aquí uno en las colinas verdes violetas, en los campos de trigo bajo el sol, en la cercanía de Jo, Théo y tu sobrino. Te despides, tienes que marchar a trabajar.

Tu desaliento ha regresado hecho rabia, una punzada en la cabeza desde los huesos, un dolor que atenaza, el miedo por lo que viene, inevitable, casi ajeno a tu pulso. La sientes, una sombra esquiva y maldita sobrevolándote.

El grito despavorido del que ya no puede estar entre los hombres, del que huye de sí mismo.

El silencio, los campos y tú.

Auvers , sin fecha

Te levantas, un día cualquiera, y notas ese agrio amargor de la bilis, más allá de la garganta. Lo reconoces. Si pudieras pintar, Vincent, la bilis negra y alejarla de ti. El pincel, frenético, exalta el color. El bermellón de las amapolas, los amarillos enloquecidos en la canícula, el trigo tostado cadmio entreverado con el verde tierno. Las parvas de heno, los sarmientos, tu *Campo con gavillas* nada presagiaban.

No lo pudieron ver. La exaltación de la vida era tu mejor despedida. Las nubes rebosando en *Trigales en Auvers;* idílico el *Almiar un día de lluvia;* los cielos cada vez más intensos de *Trigal con cielo tormentoso* estallando en el *Trigal con cuervos...*Tal vez en una leyenda interpretarían que exorcizabas tus demonios. Tal vez.

Quedaban cercanos días felices, algunos de los mejores, como les confesaste a Jo y a Théo y rememoraste después a tu madre. El almuerzo del domingo 8 de junio en el jardín de Gachet, como una familia, mostrando a tu sobrino los animales que habitaban aquel trozo de tu nuevo hogar. Te sentías mucho mejor, no estabas solo. Debían buscar un trozo de tierra y establecerse allí.

Pero la decepción remueve lejanos fantasmas.

Amanece, sin sol para ti, otra brecha abierta, a solas contra el tiempo. Aún puedes pintar más. Gachet dice que estás bien. Se engañan. Ven alejarse tu enfermedad. Les reconforta creer que puede enderezarse una vida. Pero tú sabes que ya no es posible. Cómo huir de ti mismo. Tus lienzos, como espejismos profundos de un lugar donde esconderse, verdes pálidos, amarillos del mediodía, un contraste en rosa y malva, un temblor blanco. Luz y sosiego, Vincent. Estuviste tan lejos. Ahora sabes que no volverás a perderte, que no se nublará tu mente, no dejarás paso a las pesadillas, a las voces silenciosas delatándote en la noche que no eres dueño de ti mismo.

Vuelve taladrando el dolor, esperando que pase, te echas en la cama.

Es 14 de julio, fiesta nacional, suspende tu hermano su visita a Giverny con Valadon para ver a Monet. *Querido Vincent* te escribe Théo la última carta que recibirás de él, las cosas no están tan mal, aunque no sabe qué ocurrirá con su puesto de trabajo. De momento van a Leyden por una semana y a Amberes con un cuadro de Díaz para hacer negocios.

Querido Théo:

Con la primera estrella que se asomó al firmamento algo se me encendió, en la oscuridad puede quedar una luz remota, extinguida. Pinto para que los colores creen luz aun en la desesperanza, a través del tiempo, para cuando yo no esté. Si pudieras entender mi dolor como yo entiendo el tuyo, comprenderías que mis noches no son para dormir, que los minutos se consumen y tengo que existir, que mi paleta no cesa, que puedo transformar la noche en día, que despierto antes que el sol y que la luna es solo el parpadeo entre el azul y el rosa de la aurora. Temo más al tiempo. Estoy cansado de vivir solo. Detente y deja que repose. Mi estómago me devuelve al hombre que soy. Y llega el crepúsculo.

Siempre tuyo, Vincent.

Con las primeras luces rayando el cielo, continúas sobre el escritorio. Sin saber por qué, recuerdas un sueño, el de hace dos noches. Desde el umbral de la puerta contemplas unos pies cimbreándose, reconoces tus zapatos. No sufres, no te atemorizas y te despiertas sorprendido de la calma con la que asumes tu muerte.

No te decides, haces trizas tus líneas para no herir a tu hermano, no quieres alarmarlo, no te exoneran del peso de la culpa, muy al contrario, la aumentan. Consciente de que presionas con las necesidades económicas a Théo, cómo resarcirlo.

En una esquina de tu habitación, salpicada de amarillo, se amontonan despojos de la carta no enviada.

23 Julio. Has reducido las pinturas al mínimo para ahorrar gastos. Aquí no se pueden adquirir así que encargas a tu hermano una lista para Tasset, Hirsching te ruega que en el mismo envío añadas las de él, la factura puede ser conjunta, si le resulta más fácil.

Ahora que tu muerte es cercana, te entristece pensar cuán en vano has vivido. Nacido a destiempo, tu vida ha sido una sucesión de desatinos y desencuentros, de erróneas elecciones: tus trabajos en Holanda, en Londres después, tu labor de predicador en la cuenca minera, tus intentos baldíos por formar una familia, por ser artista, por amar y ser amado. Lo más desolador, que te hastía hasta los riñones, es que volverías a cometer los mismos errores si hoy empezaras a vivir. Quisieras vomitar toda la angustia y llorar toda la tristeza pero no puedes. Théo cargó demasiado tiempo con tus frustraciones. Decides exonerarlo. Cuánto pesa la culpa.

Auvers, domingo 27 de julio de 1890

Mi querido hermano

Te levantas, el sol se filtra por la ventana abuhardillada, es un domingo cualquiera para los demás.

Gracias *por tu buena carta y el billete de 50 francos que contenía.*

Te aseas en tu habitación. Viertes la jarra blanca de porcelana sobre la palangana. El pequeño espejo te devuelve tu rostro. Por última vez. Te pasas el peine que descansa sobre el aparador. Te estiras. Los muelles del somier se te han debido clavar durante la noche. Te vistes con la misma ropa que echaste ayer sobre la silla de enea.

Ya que esto va bien, que es lo principal, ¿por qué insistiré sobre cosas de menos importancia? ¡A fe mía!... antes de que haya oportunidad de hablar de asuntos con la cabeza más reposada, pasará probablemente mucho tiempo. Los otros pintores, cualquier cosa que piensen, instintivamente se mantienen a distancia de las discusiones sobre el comercio actual. Cómo diferenciar la libertad de la soledad, la independencia del aislamiento. Sientes el desapego. Por qué aferrarse a lo efímero. Nada te pertenece.

Pues bien, la verdad es que sólo podemos hacer que sean nuestros cuadros los que hablen. Echas un vistazo al caballete. El óleo aún está húmedo. 80 cuadros en 69 días: tu testamento.

Pero, sin embargo, mi querido hermano, añado; que siempre te he dicho- y te vuelvo a decir todavía otra vez con toda la gravedad que pueden dar los esfuerzos del pensamiento asiduamente fijo para tratar de hacer tanto bien como se pueda- te vuelvo a decir aún que yo consideraré siempre que tú eres algo más que un simple marchante de Corot, que por mediación mía tienes tu parte en la producción misma de ciertas telas que aun en el desastre guardan su calma. El autor de un cuadro no es solo quien transmite con su pincel sino también quien contribuye a crearlo. En toda tu obra está la mano de Theó.

Pronto abrirían las bocas de asombro los mismos burgueses que te ignoraron ante los salones decadentes de fin de siglo. Ellos, tan dados a la utopía, caerían rendidos. La vida resultó ser una ópera de Wagner sin música. Y tú, estallando en tus cuadros. Un pintor maldito seduciéndolos desde la tumba. No podrían reprochártelo. Les cedes el color, la naturaleza y la vida. Saldarías tus deudas con Théo. Tus cuadros le devolverían el empeño constante en ti. Creyó en tu arte y tú crees ahora en él. Serán inmortales, como tú. De la única forma posible.

Porque nosotros estamos aquí y esto es todo o por lo menos lo principal que puedo tener que decirte en un momento de crisis relativa. En un momento en que las cosas están muy tirantes entre marchantes de cuadros de artistas muertos y de artistas vivos. Los señores Boussod & Valadon solo persiguen el interés comercial. Los cuadros que ha seleccionado Théo carecen de valor para ellos. Otro fracaso. Las preocupaciones económicas lo aquejan, Jo no es ajena. Te sientes un lastre. Se han planteado incluso emigrar a América.

Pues bien, mi trabajo; arriesgo mi vida y mi razón destruida a medias-bueno- pero tú no estás entre los marchantes de hombres, que yo sepa; y puedes tomar partido, me parece, procediendo realmente con humanidad, pero, ¿qué quieres? Como si lo humano y el arte pertenecieran al comercio, un trozo de alma al mejor postor, atisbas que la solución escapa al entendimiento sano y racional. En las subastas un pintor muerto vale más que uno vivo.

Sirves la fortuna a tus herederos.

El día ha sido especialmente caluroso y apenas refrescó en la noche. Almorzaste, como de costumbre, con los Ravoux, y te volviste con tus herramientas. Has estado pintando toda la mañana pero esta vez tu intención era otra.

Se iba extinguiendo la luz, la zona del castillo quedaba a oscuras. La discusión con Gachet fue endiablada, te dolió tanto que buscaste de nuevo las sombras. Margarita tenía edad de elegir, él no podría controlar por siempre sus decisiones y sentimientos. Gachet sabe bien que tu euforia convive trágicamente con tu mal y que una desavenencia puede precipitarte a la desdicha. Gritaste, salpicando de rabia su rostro, empuñaste la pipa amenazándolo y le diste la espalda.

Ahora te tambaleas torpemente. De lejos Adelina es la primera en advertir a sus padres de tu llegada. Extrañados por tu tardanza decidieron reservarte la sopa y comenzar la cena sin ti. Sentados en la puerta de la pensión toman el aire de las primeras horas sin sol. Te contienes el vientre y ladeas la cabeza ocultando tu oreja mutilada. Te observan sorprendidos, solo respondes que te has herido. Subes a duras penas los peldaños que conducen a tu buhardilla. Adelina oye tus gemidos y avisa a su madre. Gustave sube entonces y te pregunta. Sin titubeos se lo confiesas: *Me he disparado un tiro, esperemos que no haya fallado.*

La urgencia agita entonces la casa de los Ravoux, en vano intentan localizar al señor Mazery, el médico que acude dos veces por semana a Auvers. Anton se asoma a la buhardilla, ya nunca olvidaría tu rostro sufriendo *¿es que no hay nadie para abrirme el vientre?* El calor se iba espesando bajo el techo inclinado de madera. Entró en su habitación, la contigua a la tuya, humedeció el paño en la palangana de porcelana blanca y se apresuró a ponértela en la frente. El señor Ravoux opta finalmente por avisar al doctor Gachet. Cuando entra en la estancia, os comportáis como desconocidos. Él afirma que no hay nada que hacer, solo avisar a Théo y a los gendarmes. Rigamount, el más veterano de ellos, te interroga. Con frialdad le respondes: volverías a hacerlo. Gustave pasa la noche junto a ti, la fiebre te consume. Rebusca entre tus papeles, al fin halla la dirección de tu hermano.

CAPÍTULO 9

París, lunes 28 de Julio de 1890

Cuando tu hermano abrió la puerta y encontró a Anton Mattias con la mandíbula tensa comprendió que algo iba mal. El pintor holandés que había alquilado la habitación contigua a ti le extendió la carta. Abandonaron Monmartre con el miedo temblando en el bolsillo. Después, de camino a Auvers, se aferraba a las letras que el doctor Gachet le había dirigido como si en ellas pudiera retener la vida que se te escurría.

La muerte podía ser más rápida que el tren que los llevaría a Chaponval.

Es mediodía. Théo está aquí, junto a tu lecho, charláis. Él, disimulando su angustia y su miedo; tú, asumiendo el último acto como hecho irremediable y necesario. Te comportas como si te fuera ajeno tu cuerpo y el espacio que ocupas. Descuelgas el labio por el peso de tu pipa, con el cuello elevado por los almohadones, sonríes ladeado, por los viejos tiempos. Caen las horas, la herida no sangra,

199

fuertemente vendada, pero te sumes en la inconsciencia y ya no despiertas.

Cuando dejaste de respirar, a la una de la madrugada, Théo se desconsolaba junto a ti.

Auvers- Sur- Oise, martes 29 de Julio de 1890

10:30 de la mañana. Théo registra tu muerte en el Ayuntamiento ante el alcalde, el señor Caffin. Gustave Ravoux acompaña a tu hermano. Unas pocas horas descansó junto a ti, cabeceando sobre la mano que sostenía inerte. No consintió en dejarte solo, trataba de ahogar así una culpa que a borbotones le invadía el cuerpo y el alma. En vano la señora Ravoux intentaba consolarte, nadie podía vaticinar lo ocurrido. Una taza de café, lo único que aceptó digerir lo mantuvo enredado en sus pensamientos. Si se hubiesen instalado aquí, o tú con ellos en París, si no hubieras asistido a la disputa por tu manutención en el apartamento de ellos, si no te hubieran confiado las penurias económicas que atravesaban; en suma, si hubiera sido sensible a cómo se iban almacenando estos datos en tu mente, no se hubieran desencadenado los acontecimientos de tal modo. Ahora no hay remedio. Ni para él.

Imprime en Pontoise las invitaciones para tu funeral, previsto para el día siguiente: Vincent Van Gogh (1853-1890), fallecido en Auvers- sur- Oise el día 29 de julio de 1890. Familiares y amigos ruegan por su descanso eterno.

Servicio religioso: día 30 de julio a las 14: 30 horas. Lugar: Notre Dame de Auvers.

Théo aún no siente bajo sus pies la tierra, confía que, cuando abra los ojos, todo vuelva a su sitio, pero la realidad es demasiado cruel para ser una pesadilla. A su dolor se van uniendo otros problemas. Jo es una isla remota en la que ansía descansar. Pero Jo no está aquí y todos aguardan a que él solucione los contratiempos. El cura católico, el padre Teissier, se ha negado a cederos el coche fúnebre. También se niega a oficiar la misa por la misma razón: no asistirá a quien pecó contra la ley de Dios. El sacerdote del pueblo vecino, Méry- sur- Oise, os saca del apuro y os proporciona el coche.

Auvers- Sur- Oise, miércoles 30 de Julio de 1890

Un viento fúnebre invade hoy los campos de Auvers.

A lo largo de la mañana han ido llegando tus amigos, pintores y aficionados: Tanguy a las nueve; hacia las diez, Bernard y Charles Laval, poco después Lauzet, Camille Pisarro y su hijo Lucien.

Los de la funeraria te depositaron en la sala de la derecha. Primero, sobre caballetes que resultaron inestables; después, sobre la mesa de billar. Cubrieron el féretro con una sábana blanca, tus lienzos se encargaron de colorear la estancia: *La Piedad* inspirada en Delacroix, *La Ronda de presos*, *El trigal con cuervos*. Con la llegada de tus amigos de París, la estancia adquiría la apariencia de una sala de exposición, tus colores permanecían al margen del tono luctuoso, del llanto desconsolado de Théo y del silencio reinante. Tu caballete, tu silla plegable y tu paleta reposaban a sus pies.

El olor se ha vuelto nauseabundo en la habitación, a pesar de las dalias amarillas y los girasoles que te habían traído. Los fluidos se escurrían de tu ataúd mal construido. Convinieron en que debían llevarte sin más demora. Eran las tres cuando entraste a hombros en el coche funerario.

El tiempo que eternizaste en el reloj del campanario se ha detenido tal como lo pintaste. Notre Dame de Auvers presencia el sepelio, sin acogerte. Su gélido azul te despide, un "descanse en paz" desde la puerta. Una austera comitiva te acompaña: amigos, el matrimonio Ravoux, algunos vecinos, Gachet y su hijo. Margarita no ha venido. Descansa con los somníferos que le suministró su padre durante la crisis nerviosa. Unas veinte personas congregadas por ti colorean el camino desierto, ensombrecido por los castaños que alivian el sol implacable, el que te mantuvo aquí.

Bordeando los campos de heno se llega al nuevo cementerio, en la zona más alta. Gachet quería dedicarte unas palabras a modo de oración:

Mi querido amigo, estamos aquí unidos por una pena común, la de tener que vivir sin tu humanidad, sin tu arte sincero, sin la expresión más pura de tu honestidad, es tan breve el tiempo que compartimos y tan grande el vacío que dejas…pero estalló en sollozos y solo quedaba el lamento de la tierra sobre tu ataúd y un balbuceante adiós que se le escurrió entre hipidos. El enterrador continuó su trabajo y nadie osaba moverse. Sin Dios ni plegarias todo resultaba más incómodo. Una sencilla lápida en el suelo, la hiedra la cubrirá con el tiempo, solo respetará tu nombre y las fechas: "Aquí reposa Vincent Van Gogh (1853-1890)".

Regresaron sin ti. Unos, a los campos, para sentirte más cerca; otros, a la estación, para regresar a París. A los que volvieron a la pensión, Théo entregó tus pertenencias y algunos de tus lienzos: Gachet, su hijo Paul, Bernard, Laval.

CAPÍTULO 10

París, Agosto de 1890

Después de ti, la noche es más triste. *Es un dolor que me perseguirá mucho tiempo y que arrastraré conmigo durante toda mi vida* escribe Théo a vuestra madre, es viernes 1 de agosto. Desde tu ida mantiene una lucha agónica entre la culpa, no supo anticiparse, y su deber como cabeza de familia. Entiende que fue tu voluntad pero la cordura lo va abandonando. La vida como condena. Ciento ochenta y un días habrá de ponerse el sol antes de su muerte en Utrecht, adonde se retira para someterse a un tratamiento. No será exhumado y trasladado junto a ti hasta 1914.

L'écho pontoisien, periódico del distrito de Pontoise, jueves, 8 de agosto 1890. *Auvers-sur-Oise. Domingo 27 de julio, un tal Van Gogh, de 37 años de edad, sujeto holandés, artista pintor, de paso por Auvers, se ha disparado un tiro en los campos y, herido, regresó a su habitación donde murió dos días después.*

Despierta Jo, agitada por los murmullos desesperados, los temblores y las pesadillas de tu hermano. *Él es uno de los mártires que murieron con la sonrisa puesta,* escribe Théo a tu hermana el día 5 de este mes.

Tus hermanas Anna, Elisabeth y Wil ceden los cuadros heredados a Théo.

Al señor Aurier le envía carta, es 27 de agosto. Le agradece los elogios que te dirigió, al hombre y al pintor, tras tu sepelio. Quiere que sea él quien escriba una breve biografía sobre ti. Proyecta una exposición de tu obra, se incluiría en el catálogo, sugiere algunas ilustraciones y reproducciones de ciertas cartas. Está pensando en los locales de Durand Ruel pero aún no lo ha decidido. Con ayuda de Bernard ha montado mientras tanto una retrospectiva tuya en su piso de Montmartre. Tu amigo llegó demasiado tarde para despedirse, ya habían cerrado tu ataúd. Te homenajeó con la única muestra gráfica de aquel día: *El entierro de Vincent Van gogh en Auvers,* pintado tres años después. Su paradero continúa siendo desconocido.

París, octubre de 1890

Théo está enfermo. A su tristeza se añade la irritación, un malestar continuo con los seres, a los que detesta casi tanto como a sí mismo. La disputa ha sido violenta con sus empleados. Un cuadro de Descamps fue el detonante pero cualquier anomalía es ya una imperfección que debe arrastrar como fracaso toda la jornada.

Su enajenación es tal que casi dañó a su mujer y a su hijo. El día 12 Jo, entre lágrimas, interna a tu hermano en la clínica Dubois. Dos días después es trasladado a la del doctor Blanche en la población de Passy. Diagnóstico: "anuria calculosa y una uremia delirante". Tras su aparente mejora, tu cuñada se decide a trasladarlo a Holanda. El 18 de noviembre vuelve a ser internado. Esta vez en el manicomio Willem Arntszkliniek en Utrecht.

Duran Ruel no está convencido de celebrar la retrospectiva de Vincent. Gauguin, habiéndose enterado del ingreso de Théo en un manicomio, escribe preocupado a Bernard. Perjudicaría a los demás pintores que el público cataloga en el mismo grupo, acumulan fama de excéntricos, ellos y sus cuadros. Nada peor para venderlos que seguir relacionándolos con la locura.

París, diciembre de 1890

Día 23. El señor Boussod contrata al señor Joyant, de la escuela de Lautrec, como sustituto de Théo. Se esfuerza por vender, especialmente a Pissarro, sin mucho éxito. Sólo Théo era capaz de transmitir el entusiasmo por las obras a los amantes del arte en París. Poco aguantaría Joyant en este cargo, su patrón se justifica por las escasas ventas, culpa a tu hermano por haber desacreditado su galería con "modernos pintores". Se refiere a Degas, Gauguin, a Pissarro, sin mencionarte, nunca reconoció tu obra. Tres años después, en octubre, abandona el puesto.

Utrecht, enero de 1891

Théo ha muerto. *De Amsterdammer,* periódico semanal holandés, lo menciona el día 29, cuatro días después de su muerte, también un domingo, como la tuya. Jan Veth, el articulista, evita mencionar su muerte en el manicomio de Utrecht, se limita a referirse a la "fatal enfermedad" que ha acabado con su vida con solo 34 años. *Un hombre que dejará un vacío en el mundo del arte.*

Comienza un siglo como un desafío. Para entonces aún no se ha desangrado Europa y los círculos de arte activos te reconocen gracias a la labor de tu cuñada, heredera de toda tu obra aún sin fortuna. En 1908 Paul Durand- Ruel escribe carta a Renoir, lo elogia a él y a Monet, le irrita que solo se consideren grandes artistas a ti, a Cézanne y a tu compañero Gauguin. Un reconocimiento tardío e injusto, Vincent. Tu hermano había sabido elegir a los artistas que distribuía. Monet no lo olvidó.

Después de ti, se suceden la luz y el ocaso, el rojo y el verde, los amarillos y los azules, los tostados del mediodía y los fulgures de la noche. La vida, Vincent, continúa fluyendo, imitándose a sí misma.

NOTA DE LA AUTORA

Todos los personajes y fechas que aparecen son reales. Los datos están basados en las correspondencias de Vincent Van Gogh con su hermano Théo, familiares y amigos. Las citas en cursiva pertenecen a su correspondencia original, traducida de la versión inglesa.

Después de concluirse esta obra fue publicado y traducido al español una versión por los autores Steven Naifeh y Gregory White Smith, *Van Goh. La vida,* que arroja luces sobre los acontecimientos y la muerte de Vincent Van Gogh. Según esta, su muerte se debió a un fatal accidente no evitado por él, un adolescente parisino, hermano de un iniciado en el arte que buscaba la compañía de Vincent, le dispararía cerca del río Oise. En cualquier caso, los escenarios originales que recorrí, los documentos que investigué y la correspondencia de Vincent y Théo nada revelaron acerca de este incidente. Quizás habría que reescribir el final de esta historia…

AGRADECIMIENTOS

Querido Vincent es la materialización de muchos años de trabajo, documentación, inspiración, pérdidas y encuentros. Quiero agradecer a todas las personas que me han ayudado a lograrlo su generosa colaboración:

A Ricardo, su amor me inspiró la segunda persona.
A mi padre, que me indicó el tono del libro.
A mi madre, que me enseñó a leer .
A mis padres conjuntamente, que revisaron y leyeron la primera versión.
A mi prima, fiel compañera de viaje.
A Marta, luz que me guía.
A mis hermanos, que me vinculan a la tierra.
A mis sobrinos, que son esperanza.
A mi abuela, que creyó en mí.
A Clara, que me enseñó a mezclar colores.
A Coni, que me disciplinó a escribir.
A Salva, que contempló los cuadros conmigo.
A Jesús, mi querido editor y amigo.
A mis compañeros lectores que me animaron a publicarlo en papel.
A Juan, que adentró la novela en el mundo digital.
A Fernando, que prestó su experiencia.
A María Antonia, que cree en la belleza.
A Raquel y a María Ángeles que me llevaron al Instituto de Arte de Chicago, donde contemplé por primera vez un cuadro de Vincent Van Gogh y…empezó a forjarse este proyecto.

Y a todos aquellos que de un modo u otro me ayudan a seguir escribiendo.

ÍNDICE